Einführung.

Die Enzyklopädie der Rechts- und Staatswissenschaft ist in erster Linie der studierenden Jugend gewidmet. In knappster Form will sie den an den Universitäten vorgetragenen Lehrstoff vorführen, eine Übersicht bieten und zum Arbeiten anleiten. Aber sie will dem Studierenden auch zeigen, daß er eine Kunst und kein Handwerk erlernt; daß „Lernen" hier heißt: die ganze Person einsetzen, nachdenken und an Hand der überall angeführten Hilfsmittel weiterdenken, was andere gedacht haben. Vielleicht ist die Enzyklopädie aber auch dem Fertigen willkommen, der aus der Arbeit des Tages heraus einmal wieder das Ganze, wie es heute sich darstellt, überschauen möchte; vielleicht auch dem Nichtfachmann, den Neigung oder Beruf an Fragen der Rechts- oder Staatswissenschaften heranführen. Beides wenigstens ist unser Wunsch. Die Vorarbeiten zu dem Unternehmen, das zunächst als Fortführung von Birkmeyers Enzyklopädie geplant war, waren bereits im Sommer 1914 abgeschlossen. Der Krieg gebot einen Aufschub und seine Folgen stellten das Zustandekommen zeitweilig überhaupt in Frage. Dem Mut der Verlagsbuchhandlung ist es zu danken, daß der Abschluß gelungen ist. Freilich, vieles hat sich auch für uns geändert. So fehlt der Name dessen, der 1914 mit an die Spitze getreten war und bis zu seinem Tode das Unternehmen betreut hat: der Name von Franz von Liszt. Möge es den Herausgebern gelungen sein, das Werk in seinem Geiste fortzuführen!

Die Herausgeber.

Das Inhaltsverzeichnis der 3 Bände siehe 3. und 4. Umschlagseite

ENZYKLOPÄDIE DER RECHTS- UND STAATSWISSENSCHAFT

HERAUSGEGEBEN VON

E. KOHLRAUSCH · W. KASKEL · A. SPIETHOFF

ABTEILUNG RECHTSWISSENSCHAFT

HERAUSGEGEBEN VON

DR. EDUARD KOHLRAUSCH
PROFESSOR AN DER UNIVERSITÄT
BERLIN

DR. WALTER KASKEL
PROFESSOR AN DER UNIVERSITÄT
BERLIN

XI

BÜRGERLICHES RECHT
ERBRECHT

VON

DR. JULIUS BINDER
PROFESSOR AN DER UNIVERSITÄT
GÖTTINGEN

Springer-Verlag Berlin Heidelberg GmbH 1923

BÜRGERLICHES RECHT
ERBRECHT

VON

DR. JULIUS BINDER
PROFESSOR AN DER UNIVERSITÄT
GÖTTINGEN

Springer-Verlag Berlin Heidelberg GmbH 1923

ISBN 978-3-642-93799-6 ISBN 978-3-642-94199-3 (eBook)
DOI 10.1007/978-3-642-94199-3

Inhaltsverzeichnis.

I. Erbrechtliche Grundbegriffe.

II. Verfügungen von Todes wegen.

Erstes Kapitel.
Letztwillige Verfügungen (Testamente).

Zweites Kapitel.
Der Erbvertrag.

Drittes Kapitel.
Eröffnung der Verfügungen von Todes wegen.

III. Erbfolge.

Erstes Kapitel.
Die Berufungssgründe.

Zweites Kapitel.
Anfall, Annahme und Ausschlagung der Erbschaft.

Drittes Kapitel.
Die rechtliche Stellung des Erben

1. Rechtliche Stellung des Alleinerben.

I. Erbrechtliche Grundbegriffe.

§ 1. Begriff des Erbrechts.

Unter Erbrecht verstehen wir den Inbegriff der Rechtsnormen, die die privatrechtlichen Schicksale des Vermögens einer Person für die Zeit nach ihrem Tode regeln. Darin liegt einmal, daß das Erbrecht ein Teil der Privatrechtsordnung ist, so daß die Frage, wie sich die öffentlichrechtlichen Verhältnisse einer Person durch ihren Tod gestalten, keine erbrechtliche Frage ist, auch wenn dabei vielleicht von Vererblichkeit die Rede ist, ferner, daß nicht die gesamte privatrechtliche Stellung eines Rechtssubjekts Gegenstand erbrechtlicher Normierung ist, sondern sich diese auf das Vermögen beschränkt, und schließlich, daß nur das Vermögen natürlicher Personen für das Erbrecht in Frage kommt. Freilich ist das Erbrecht nicht immer auf die Vermögenssphäre beschränkt gewesen. Es ist kaum zweifelhaft, daß den Kern und den Ausgangspunkt für das römische Erbrecht die Nachfolge in die sacra familiae gebildet hat und daß der Übergang des Vermögens auf den Erben nur eine Folgeerscheinung davon gewesen ist. Dieser Ausgangspunkt des römischen Erbrechts ist bedeutsam für die Gestaltung der Erbfolge geworden, die sie im römischen Recht erhalten hat und die noch die Grundlage unseres heutigen Erbrechts bildet. Es ist die Erbfolge als successio in universum jus defuncti, die an diesen Eintritt in die sakralrechtliche Persönlichkeit des Verstorbenen anknüpft und die, wenn auch mit Beschränkung auf die Vermögenssphäre, sich noch im späteren römischen Recht erhalten hat und von dort aus in das moderne Recht übergegangen ist.

Indem aber das Erbrecht aufgefaßt wird als das Recht der Nachfolge in die vermögensrechtliche Stellung des Verstorbenen, setzt es wesentlich eine individualistische Wirtschafts- und Privatrechtsordnung voraus. So hängen Erbrecht und Individualeigentum auf innigste zusammen. Weder in einer Gesellschaftsordnung, die das Privateigentum überhaupt nicht anerkennt, noch in einer solchen, die nur die Familie oder den Geschlechtsverband zum Träger des Privatrechts macht, ist ein Erbrecht in eben dem Sinne denkbar, in dem wir es heute verstehen, und wie es die von uns an die Spitze gestellte Begriffsbestimmung voraussetzt. Dieser Zusammenhang des Erbrechts mit der Entwicklung des Individualeigentums zeigt sich sowohl in der geschichtlichen Entwicklung des ersteren, als auch in den Postulaten der Parteien, die den Umsturz unserer Gesellschaftsordnung erstreben. Denn wie auf der einen Seite sich diese Bestrebungen sowohl auf die — mehr oder minder radikale — Beseitigung sowohl des Eigentums wie des Erbrechts richten, so ist auf der anderen sowohl die Gestaltung des römischen wie des deutschen Erbrechts durch das Verhältnis dieser beiden Rechte zum Eigentum bestimmt. Das römische Recht kennt nur *eine* Form des Eigentums, die in der souveränen Herrschaft des Hausherrn über alles, was sein ist, besteht. Das deutsche Recht hat das Vermögen niemals der freien Willkür des Hausherrn anvertraut und ist nie zu diesem einheitlichen und abstrakten Eigentumsbegriff gekommen. Dem römischen Eigentumsbegriff entspricht nicht nur die Einheitlichkeit der Nachfolge, sondern auch die Testierfreiheit des Erblassers; der deutschen Vielgestaltigkeit des Eigentums nach Herkunft und Zweckbestimmung und seiner fortdauernden familienrechtlichen Gebundenheit die verschiedene erbrechtliche Behandlung der einzelnen Vermögensstücke und Vermögensmassen — sog. Spezialsukzessionen — und die Ablehnung einer auf dem Willen des Hausvaters beruhenden Erbfolge.

Mit der Rezeption des römischen Rechts ist bei uns das römische Individualeigentum im vollen Umfang und mit der Folge der Testierfreiheit des Erblassers und der Universalsukzession eingedrungen. Aber das bedeutet nicht die vollkommene Vernichtung des deutschen Erbrechts. Zwar ist das gemeine Erbrecht ganz überwiegend römisches Recht gewesen; aber in den Partikularrechten ist deutsches Erbrecht zum großen Teil lebendig geblieben und hat sich verwandte Einrichtungen des römischen Rechtes, wie z. B. Ausgleichung und Pflichtteilsrecht, assimiliert und auch im gemeinen Recht hat es, wenn auch in gerigerem Umfang, seine Lebenskraft bewiesen und aus seinen eigenen Ideen dem römischen Rechte fremde, neue und eigenartige Einrichtungen, wie die des Testamentsvollstreckers, des Erbvertrages u. a. m. hervorgebracht. Diesem Werdegang entsprechend hat das Erbrecht des BGB. römisches und deutsches Recht in gleicher Weise berücksichtigt; jedoch nicht etwa in dem Verhältnis, in dem beide Rechte am gemeinen Recht Anteil hatten, sondern in dem das deutsche Recht in den Partikularrechten in Geltung geblieben ist. Vor allem hat das Preußische Landrecht, dieses geistvollste Geschöpf des Naturrechts, das unter dem Vorwand einer naturrechtlichen Kritik am gemeinen Recht dem einheimischen Recht vielfach wieder zur Geltung verholfen hat, das Erbrecht des BGB. in hohem Maße beeinflußt. Daneben hat freilich der Gesetzgeber auch gelegentlich ganz neue Wege betreten, was nicht immer als eine Errungenschaft bezeichnet werden kann. Im ganzen und großen läßt sich das Verhältnis der beiden geschichtlich gegebenen Rechtsstoffe innerhalb des geltenden Rechts so bezeichnen: Dem römischen Recht gehört das allgemeinste Prinzip des Erbrechts an, das in der Einheitlichkeit der Rechtsnachfolge (Universalsukzession) und der Testierfreiheit zum Ausdruck kommt; innerhalb dieses allgemeinen Rahmens entspricht die Regelung der einzelnen erbrechtlichen Institute überwiegend dem deutschen Recht. Besondere Gebilde, hauptsächlich technischen Charakters, sind auch als Neuschöpfungen zu bezeichnen. —

Aus der reichen Literatur des Erbrechts seien folgende Werke genannt: Von Lehrbüchern: die Darstellungen des Erbrechts von Kipp in Enneccerus, Kipp und Wolff, Lehrb. des b. Rechts, Bd. II, 3. Abt. (4. Bearb. 1921); Cosack (6. Aufl. 1913); Crome, System des b. Rechts, Bd. V (1912); Endemann, Lehrb. des b. Rechts, III. Bd. (in 2 Abteilungen, 1920); Dernburg, Das b. Recht des Deutschen Reiches und Preußens, Bd. V (3. Aufl., 1905) ff. Von den Kommentaren seien vor allem die Bearbeitungen des Erbrechts im Planckschen Kommentar (von Strohal, Unzer, Planck und Strecker), im Staudingerschen Kommentar (von Herzfelder), von Frz. Leonhard und im Kommentar der Reichsgerichtsräte (2. Aufl. 1913) hervorgehoben. Unter den systematischen Bearbeitungen des Erbrechts ragt hervor Strohal, Das deutsche Erbrecht (2 Bde, 3. Aufl., 1904). Vgl. auch Kretzschmar, Das Erbrecht des d. BGB., 2. Aufl., 1913. Eine Bearbeitung der wichtigsten Teile des materiellen Erbrechts bietet des Verfassers „Rechtsstellung des Erben nach dem deutschen b. Gesetzbuch“ (3. Bde, 1901—1905). Mit der gerichtlichen Nachlaßbehandlung beschäftigen sich vor allem die Werke von Weissler, Märker und Boschan.

§ 2. Gesamtrechtsnachfolge.

I. Aus dem Gesagten ergibt sich schon, daß der Haupt- und Grundbegriff des römischen wie des heutigen Erbrechts die Universalsukzession ist. Das BGB. erkennt sie als das Prinzip an, auf dem sein Erbrecht aufgebaut ist, indem es im § 1922 anordnet: „Mit dem Tode einer Person geht deren Vermögen als Ganzes auf eine oder mehrere andere Personen über.“ Es kommt darin die Auffassung zum Ausdruck, die die gemeinrechtliche Lehre vom Wesen der Gesamtrechtsnachfolge hatte und die überwiegend auch von der Wissenschaft des BGB. vertreten wird. Nach ihr liegt das Besondere der Universalsukzession im Gegensatz zur Sonderrechtsnachfolge im Gegenstand: letztere ist Rechtsnachfolge in einzelne Rechte, erstere in ein Vermögen in seiner Ganzheit, in eine „universitas juris". Und zu dieser Vermögensgesamtheit rechnet man nicht nur die Rechte, sondern vor allem auch die Verbindlichkeiten des bisherigen Rechtssubjekts und definiert daher die Gesamtrechtsnachfolge als die Sukzession in die sämtlichen Rechte und Verbindlichkeiten des Verstorbenen, soweit sie nicht nach der Natur der Sache oder kraft positiver Vorschrift unvererblich sind. Es ist kein Zweifel, daß die Legaldefinition des § 1922 diese Auffassung vom Wesen der Universalsukzession zum Ausdruck bringen sollte.[1]) Indessen wird durch sie das Wesen der Gesamtrechtsnachfolge nicht erschöpft und vor allem auch nicht zutreffend bestimmt. Es widerspricht nicht nur dem Wortsinn, das Vermögen als einen Inbegriff von Rechten und Verbindlichkeiten aufzufassen, sondern auch dem Begriff von Vermögen, den das BGB. selbst im allgemeinen voraussetzt, der nur die sog. Aktiva umfaßt und zu dem sich die Schulden als eine auf dem Vermögen ruhende Last, als Subtrahend eines Minuenden verhalten. Und es wird auch dem Umfang der Erbfolge nicht gerecht, wenn ihr Gegenstand als der Inbegriff der Rechte und Verbindlichkeiten des Erblassers aufgefaßt wird. Denn auf den Erben gehen nicht nur Rechte und Verbindlichkeiten des Erblassers über, sondern auch rechtlich mehr oder minder bedeutsame tatsächliche Verhältnisse, wie die laufende Ersitzung und Verjährung, der Annahme fähige Vertragsangebote, Möglichkeiten der Rechtsgestaltung wie z. B. Anfechtungsrechte und Einreden, das Erwerbsgeschäft des Erblassers und der Besitz. Und die Bedeutung der Erbfolge erschöpft sich auch nicht in dieser Beziehung zum Erblasser und seiner Privatrechtssphäre, sondern geht insofern darüber hinaus, als durch die Erbfolge für den Erben Rechtsverhältnisse entstehen, die in der Person des Erblassers nicht einmal im Keime vorhanden waren und die in keinem Betracht zum Nachlaß als dem „Vermögen des Erblassers" gerechnet werden können. So die gegen den Erben sich richtenden Ansprüche aus Vermächtnissen, Auflagen und Pflichtteilsrechten und gewisse gesetzliche Verbindlichkeiten des Erben. Aber auch die besondere erbrechtliche Regelung der Schuldenhaftung, das Miterbenverhältnis mit all seinen Konsequenzen, der Erbschaftsanspruch u. a. m. können nicht als vom Erblasser herrührend und von ihm auf den Erben übergegangen aufgefaßt werden. Deshalb ist es aber auch ungeeignet, um das Wesen der Universalsukzession begreiflich zu machen, wenn man die Erbschaft oder den Nachlass als eine „Gesamtsache" auffaßt, an der der Erbe durch den Erbfall ein subjektives Recht erwirbt, wie dies die Germanisten zu tun belieben. Mag es immerhin einen gewissen Sinn haben, die organische Einheit der Erbschaft zu betonen, was unbedenklich ist, solange man sich damit nicht in naturwissenschaftliche Vorstellungen verirrt, so werden dadurch doch die Eigentümlichkeiten der Erbfolge nicht etwa nicht *erklärt* — denn mit „Erklären" von Erscheinungen hat es die Rechtswissenschaft überhaupt nicht zu tun — sondern nicht *begrifflich erfaßt*. Die Erbfolge ist nicht Nachfolge in das Vermögen des Erblassers als „Ganzes", auch nicht in eine universitas juris, auch nicht in eine Gesamtsache, sondern ist der Eintritt in eine ganz neue und eigenartige Rechtslage, in die nur das Vermögen des Erblassers mit allerlei Vorbehalten und Änderungen gleichfalls eingeht. So ist auch das, was der zur Erbschaft Berufene durch den Erbfall erwirbt, nicht ein subjektives Recht an der Erbschaft, die, um diese Vorstellung zu ermöglichen, irgendwie und im Widerspruch mit der individualistischen Grundauffassung des BGB. als einheitliches Rechtsobjekt gedacht werden müßte, sondern eine höchst komplizierte *Rechtslage*. Nur *eine* Seite dieser Rechtsnachfolge ist der Übergang der Rechte des Erblassers, eine *andere* der seiner

---

[1]) Diese unrichtige Auffassung hängt zweifellos mit der Vieldeutigkeit des Wortes hereditas zusammen, das bald den Nachlaß, bald das heredem esse bezeichnet. Vgl. dazu meine Rechtsstellung des Erben, I, S. 7ff., Ztschr. f. H. R. 59, S. 36f., Arch. b. R. 34, S. 236 u. Anm. 78; STROHAL, Erbrecht § 1, II; v. TUHR, Allg. Teil I, § 18, ENDEMANN, Erbrecht I, § 3, KIPP, Erbrecht § I Z. II.

Schulden auf den Erben; denn alles, was ihm auf Grund seiner Berufung zum Erben an Recht zusteht und an Lasten trifft, hat er und trägt er als Erbe, auch wenn es nicht in der Rechtsstellung des Erblassers vorgebildet war. Insofern trifft auch die Bezeichnung dieser Art von Sukzession als „Persönlichkeitsnachfolge“ im Gegensatz zur bloßen „Vermögensnachfolge“ nicht das Wesen der Sache, wenn sie auch in gewissen Wendungen des römischen Rechtes ihr Vorbild hat. Und was uns berechtigt, dabei von „Universal-“ im Gegensatz zur „Singularsukzession“ zu sprechen, ist mehr die Einheit des Erwerbstatbestandes als des Objektes, wenn letztere auch nicht schlechthin in Abrede gestellt werden kann. Nur darf sie nicht in sinnlich-naturhafter Weise aufgefaßt werden und muß dabei die rechtliche Umformung, die die Vermögensrechtsstellung des Verstorbenen beim Übergang auf den Erben erfährt, mit in Betracht gezogen werden. Wie das Vermögen überhaupt nur Einheit einer Vielheit ist, die durch die Bezogenheit auf ein und dasselbe Interessensubjekt eben zur Einheit wird, so bleibt das Vermögen diese teleologische Einheit auch beim Übergang auf ein neues Subjekt, insofern jene Interessenzusammenhänge durch den Tod des bisherigen Subjekts nicht erlöschen, sondern von der Rechtsordnung als fortdauernd anerkannt werden. So bleibt die Erbschaft, will sagen, die Rechtsstellung des Erblassers, soweit sie auf den Erben übergegangen ist, unbeschadet der genannten Umformung, und trotz der infolge dieses Übergangs eingetretenen confusio bonorum, doch in gewissem Sinne als ein Sondervermögen erhalten, als eine teleologische Einheit trotz der Vielheit und Vielartigkeit ihrer Bestandteile, als eine Einheit, die in besonderer, einheitlicher rechtlicher Normierung ihren Ausdruck findet. An die Stelle der lebendigen Persönlichkeit des Erblassers ist als Verknüpfungspunkt die objektive Interessenlage getreten, die vor allem in der Haftung des Nachlasses für die Nachlaßschulden in die Augen springt, und insofern kann man mit den römischen Quellen sagen, daß die Erbschaft „personam defuncti sustinet“, ohne daß wir deshalb veranlaßt wären, die Erbschaft geradezu zu einer juristischen Person zu erheben, womit auch für das Verständnis ihres Wesens nicht gewonnen wäre.

II. Im römischen wie im gemeinen Recht erfolgte der Übergang der Rechte eines Verstorbenen auf ein neues Rechtssubjekt jedoch nicht ausschließlich durch Gesamtrechtsnachfolge, sondern teilweise auch durch Sondernachfolge. Diese scheidet aus der Erbschaft einzelne Vermögensstücke aus, um sie auf andere Personen als die Erben zu übertragen. Solche Sonderrechtsnachfolge von Todeswegen beruhte auf Vermächtnissen und Schenkungen von Todes wegen. Das Recht des BGB. kennt im Grunde keine Sonderrechtsnachfolge mortis causa mehr; denn es erkennt die besondere Schenkung auf den Todesfall nicht mehr an, und sein Vermächtnis begründet keine unmittelbare Rechtsnachfolge in Bestandteile des Nachlasses mehr, sondern nur Ansprüche gegen den Belasteten, Nachlaßverbindlichkeiten, durch deren Erfüllung der Bedachte Rechtsnachfolger des Belasteten, nicht des Erblassers, wird.

III. Mit der Idee der Universalsukzession verband sich im römischen und gemeinen Recht noch die Vorstellung, daß der Erbe selbst die Person sei, die den Nachlaß zu verwalten und zu liquidieren habe. Dies war im Grunde nur eine selbstverständliche Folgerung aus der durch den Erwerb der Erbschaft bedingten confusio bonorum. Und nur zögernd und unvollkommen vermochte sich im römischen Recht der Gedanke, daß die hereditas auch noch nach der Erbschaftsannahme eine rechtliche Sonderexistenz führe, durchzusetzen. Einen schwachen Ansatz dazu bedeutet die separatio bonorum zugunsten der Nachlaßgläubiger des prätorischen Rechts, der nicht einmal bei der Inventarerrichtung des justinianischen Rechtes weiter entwickelt wurde. Denn durch sie wird nur die Haftung des Erben rechnerisch auf den Nachlaß beschränkt, während seine Stellung als Verwalter und Liquidator des Nachlasses unberührt bleibt. Immerhin muß es in der Konsequenz der beschränkten Haftung liegen, daß der Erbe für diese seine Verwaltung den Gläubigern verantwortlich wird. Dies entspricht auch dem deutschen Recht, das den Gläubigern von vornherein nur den Nachlaß haften läßt. Nach dem Vorgang der naturrechtlichen Kodifikationen und vor allem unter Anlehnung an den erbschaftlichen Liquidationsprozeß des Preußischen Allgemeinen Landrechts hat dagegen das BGB. zwar das Prinzip der Selbstliquidation des Nachlasses durch den Erben beibehalten, aber doch in der Nachlaßverwaltung eine Einrichtung geschaffen, die unter besonderen Voraussetzungen die Liquidation des Nachlasses dem Erben aus den Händen nimmt, und dasselbe gilt von der in der Rezeptionszeit entstandenen, aus dem gemeinen Recht herübergenommenen Testamentsvollstreckung. Möglicherweise wird die zunehmende Zerrüttung unserer öffentlichen Finanzen und die gesteigerte Belastung des Erwerbs von Todes wegen mit Abgaben dazu führen, die Nachlaßverwaltung in allen Fällen dem Erben zu nehmen und in die Hand öffentlicher Organe zu legen; die Konsequenz davon würde darin bestehen, daß der Erbe überhaupt nur in den Liquidationsüberschuß sukzedieren würde, womit die Universalrechtsnachfolge zu Grabe getragen wäre.

§ 3. Berufung zur Erbschaft und Anfall der Erbschaft.

I. Wenn eine Person Erbe des Erblassers werden soll, so muß nicht nur der Erbfall eingetreten, d. h. der Erblasser verstorben sein, sondern es muß auch die fragliche Person zur Erbschaft dieses Erblassers „berufen" sein. Für sie muß ein sog. Berufungsgrund vorliegen, d. h. ein Tatbestand bestimmter Art, an den das Gesetz die Folge knüpft, daß die in dieser tatsächlichen Beziehung stehende Person Erbe des Verstorbenen werden kann. Man unterscheidet gewöhnlich zwei Arten von Berufungsgründen: Gesetz und Verfügung von Todes wegen, sei diese nun letztwillige Verfügung oder Erbvertrag. Es ist aber zweifellos, daß dies nicht Berufungsgründe, sondern nur die beiden obersten Gattungsbegriffe von Berufungsgründen sind, und daß Berufungsgrund im Sinne des Gesetzes nur der jeweilige konkrete Tatbestand ist, an den das Gesetz die Folge der Berufung zur Erbschaft des konkreten Erblassers knüpft. In bezug auf diese Berufung aber ist hervorzuheben, daß sie nicht mehr, wie die Delation der Erbschaft im römischen Recht, die Eröffnung der Möglichkeit an den Erben bedeutet, die Erbschaft durch Willenserklärung zu erwerben, sondern die Erbschaft ohne weiteres auf den Berufenen überträgt, wenn auch mit dem Rechte der Ausschlagung (§§ 1922, 1942). Berufensein bezeichnet daher den Tatbestand, Erbesein die Rechtsfolge dieses Tatbestandes. Und während seinem Begriff der Berufung entsprechend im römischen Recht diese grundsätzlich mit dem Tode des Berufenen erlosch und nur in Ausnahmefällen auf den Erben des Berufenen übergeleitet (transmittiert) wurde, ist nach unserm Recht die Erbschaft vom Berufenen mit dem Erbfall erworben und geht daher auch auf seinen Erben über, aber freilich mit dem Rechte des Berufenen, sie auszuschlagen (§ 1952). Dies darf jedoch nicht als eine Vererbung der Berufung betrachtet werden, was mit dem Wesen der neueren Berufung unverträglich wäre: derjenige, an den die Erbschaft auf solche Weise gelangt, hat sie nicht als Erbe des Erblassers, sondern des Erben.

II. Aus dem römischen Recht stammt der Begriff der Sukzessivberufung. Die Delation der Erbschaft erfolgt in bestimmter Reihenfolge, und zwar zunächst an die in dieser Anordnung an erster Stelle stehende Person; erwarb diese die Erbschaft nicht, so wurde sie der an zweiter Stelle stehenden Person deferiert usw. Man hat im Gegensatz dazu für unser heutiges Recht behauptet, daß es das Prinzip der Eventualberufung durchgeführt habe, wonach zur Erbschaft berufen sein sollen alle, die in einem Verhältnis zum Erblasser gestanden haben, das ihnen die nähere oder entferntere Aussicht darauf gewährt, sein Erbe zu werden. Durch diesen Begriff soll es begreiflich gemacht werden, daß nach BGB. die Berufung beim Wegfall des zunächst Berufenen nicht an den erfolgt, der im Zeitpunkt dieses Wegfalls der nächste zur Erbschaft ist, sondern an den, der statt des weggefallenen Erstberufenen berufen gewesen wäre, wenn der Weggefallene zur Zeit des Erbfalls überhaupt nicht vorhanden und berufen gewesen wäre (§ 1953). Aber dieser Begriff der Eventualberufung ist in sich widerspruchsvoll und vermag die fragliche Regelung nicht als aus ihm folgend einsichtig zu machen: denn mag man nun den einen oder den andern Begriff von Berufung zugrunde legen, immer ist die Frage, was Berufensein heißt, von der zu trennen, wer berufen ist, und läßt das Gesetz keinen Zweifel darüber, daß es nur den als „berufen" betrachtet, der der jeweils nächste zur Erbschaft, natürlich auf Grund seiner gesetzlichen Normierung, ist (§§ 1953 II, 1930). Die Erscheinung, die zur Aufstellung der Theorie von der Eventualberufung geführt hat, hängt nicht damit zusammen, daß alle in eventum zur Erbschaft berufen sind, sondern daß das Gesetz es für gut befunden hat, an der „rückwirkenden Kraft" der Ausschlagung des römischen Rechtes festzuhalten. Erwirbt daher der Erstberufene die Erbschaft, so ist der angeblich eventuell Berufene niemals zur Erbschaft berufen gewesen; schlägt er die Erbschaft aus, dann entsteht für diesen überhaupt erst die Berufung; aber infolge der Rückziehung der Ausschlagung auf den Zeitpunkt des Anfalls der Erbschaft wird seine Rechtsstellung so behandelt, wie wenn er im Augenblick des Erbfalls berufen gewesen wäre, und wenn er daher zwar den Erbfall, nicht aber den Zeitpunkt der Ausschlagung der Erbschaft durch den zunächst Berufenen erlebt hat, so sind seine eigenen Erben zu dieser Erbschaft berufen, aber nicht für ihre Person, sondern als Erben ihres Erblassers. Schlagen sie daher dessen Erbschaft aus, zu der sie kraft eigenen Rechtes berufen sind, so fällt auch für sie die Möglichkeit weg, zu der ihrem Erblasser deferierten Erbschaft zu gelangen.

III. Das Gesetz spricht auch vom Anfall der Erbschaft (§§1923, 1943, 1951ff). Dies ist nicht ein vom Berufensein verschiedener Tatbestand, wie im römischen Recht Delation und Akquisition verschiedene Tatbestände waren, sondern bezeichnet die Erlangung der — zunächst nur vorläufigen — Erbenstellung durch den Berufenen. Dieser Anfall setzt aber nicht allein die Berufung einer bestimmten Person zur Erbschaft voraus, sondern auch ihre Erbfähigkeit. Beide sind mithin die Rechtsfolge des Anfalls der Erbschaft bedingende Momente; aber beide haben nicht dieselbe Bedeutung. Die Erbfähigkeit gehört nicht zum Berufungstatbestand. Sie besteht nicht in einer bestimmten tatsächlichen Beziehung zu dem bestimmten Erblasser, sondern ist eine absolute rechtliche Eigenschaft der für die Berufung in Betracht kommenden Person, nämlich die Rechtsfähigkeit des Erbrechts (§§ 1923, 2108). Wie die Rechtsfähigkeit überhaupt, so fehlte im Altertum auch die Erbfähigkeit gewissen Klassen von Menschen und vor allem auch Personenverbänden, deren Rechtsfähigkeit im übrigen anerkannt war. Nach unserm heutigen Recht dagegen sind alle Menschen in gleicher Weise erbfähig und ebenso auch die juristischen Personen. Die Frage, ob auch ein nicht rechtsfähiger Verein erbfähig sei, ist bestritten, muß aber, wenn die Erbfähigkeit nichts anderes als die erbrechtliche Rechtsfähigkeit ist, für den Verein ebenso verneint werden, wie für die Gesellschaft des bürgerlichen Rechts oder die Handelsgesellschaft. Eine ganz andere Frage aber ist, ob einer Gesellschaft oder einem nicht rechtsfähigen Verein durch Erbeinsetzung oder sonstige Zuwendung von Todes wegen Vermögen in der Weise zugewendet werden kann, daß dieser Erwerb Vereins- oder Gesellschaftsvermögen wird; diese Frage ist nach Gesellschaftsrecht zu beantworten.

IV. Es genügt aber nicht, damit eine Person der Erbe eines Verstorbenen werde, daß die erstere in einem als Berufungsgrund im erörterten Sinn zu bezeichnenden tatsächlichen Verhältnis zum Erblasser steht und auch erbfähig ist; sondern aus dem Zweck der Erbfolge, die vermögensrechtliche Stellung des Erblassers unmittelbar auf einen Lebenden überzuleiten, folgt als weiteres Erfordernis des Erbschaftserwerbs die gleichzeitige Existenz des Erben mit dem Erblasser. Der Erbe muß zur Zeit des Erbfalls leben (§ 1923), d. h. noch leben und schon leben, und wenn eine juristische

Person als Erbe in Frage kommt, so muß sie in diesem Zeitpunkt als rechtsfähige Person vorhanden sein. Ein vor dem Erbfall bereits verstorbener Mensch kann daher ebensowenig zur Erbschaft berufen sein wie eine bereits aufgelöste Korporation; auch der nach ihrer Auflösung noch bestehende sog. Liquidationsverein kann nicht Erbe werden, da er nichts anderes ist, als die zum ausschließlichen Zweck der Auseinandersetzung des vorhandenen Vereinsvermögens fortbestehende Vereinsorganisation. Dagegen hat das BGB. von dem Grundsatz, daß der Erbe zur Zeit des Erbfalls schon als rechtsfähiges Wesen vorhanden sein muß, in Anlehnung an das römische Prinzip „nasciturus pro jam nato habetur" zwei Ausnahmen zugelassen, indem es für die Frage der Erbfähigkeit, also ohne Rücksicht auf das persönliche Verhältnis zum Erblasser, den noch ungeborenen Menschen einem bereits geborenen gleichbehandelt, sofern er nur vor dem Erbfall gezeugt war und nachher lebend geboren wird (§ 1923 II), und diesem nasciturus analog eine Stiftung behandelt, die zur Zeit des Todes ihres Stifters die Rechtsfähigkeit noch nicht erlangt hat, jedoch mit Beschränkung auf die Zuwendungen des Stifters (§ 84).

V. Verschieden von der Erbfähigkeit als der erbrechtlichen Rechtsfähigkeit ist die Erbwürdigkeit, die nur bei erbfähigen Personen bejaht oder verneint werden kann. Das BGB. kennt als Rechtsbegriff, wie schon das römische Recht, nur ihre Negation, die Erbunwürdigkeit: sie besteht darin, daß das von dem Erbfähigen gültig Erworbene ihm wegen schwerer Verfehlungen gegen den Erblasser im Wege der Anfechtung wieder entzogen werden kann. (Vgl. unten § 35).

II. Verfügungen von Todes wegen.

Erstes Kapitel.

Letztwillige Verfügungen (Testamente).

§ 4. Begriff der Verfügungen von Todes wegen und der letztwilligen Verfügungen.

I. Wie das gemeine Recht unterscheidet auch das BGB. eine auf dem Willen des Erblassers beruhende und eine von ihm unabhängige (gesetzliche) Erbfolge. Die Rechtsgeschäfte, durch die der Erblasser für den Fall seines Todes über sein Vermögen verfügt, nennt das Gesetz im Anschluß an die negotia mortis causa des gemeinen Rechts Verfügungen von Todes wegen. Diese sind entweder Testamente oder Erbverträge (§§ 1937, 1941). Dagegen kennt unser Recht nicht mehr die dritte Art von Rechtsgeschäften von Todes wegen, die das gemeine Recht anerkannt hatte, nämlich die Kodizille. Dies hängt mit der Umgestaltung des Testamentsbegriffs im BGB. zusammen. Im römischen Recht war Testament wesentlich das Rechtsgeschäft, durch das sich der Erblasser einen Erben ernannte, so daß die Erbeinsetzung den unentbehrlichen Inhalt des Testamentes bildete. Dem Zwecke, Singularverfügungen von Todes wegen ohne eine Ernennung von Erben zu treffen, konnte daher das Testament nicht dienen, und so entwickelte sich neben ihm ein weiteres Rechtsgeschäft von Todes wegen, von geringeren Formalitäten, das Kodizill. Im deutschen Recht des Mittelalters dagegen verstand man unter Testament ein Rechtsgeschäft, das gerade Einzelverfügungen von Todeswegen, vor allem zugunsten von Kirchen und milden Stiftungen, treffen sollte. Mit der Rezeption des römischen Rechts wurde dann zwar sein Testamentsbegriff rezipiert, aber ohne daß die römische Unterscheidung von Testament und Kodizill im Volke lebendig zu werden vermochte; man verstand vielmehr unter Kodizillen vorwiegend nachträgliche Änderungen und Ergänzungen des im Testamente niedergelegten letzten Willens. Es war daher durchaus sachgemäß, wenn unser BGB. die Unterscheidung zwischen diesen beiden Geschäften fallen ließ und unter Testament nicht nur das Erbeinsetzungsgeschäft verstand. Das Testament kann sich daher auch auf die Errichtung von Vermächtnissen oder Auflagen beschränken; es ist gleichbedeutend mit letztwilliger Verfügung. Weiter aber ist der Begriff der Verfügung von Todes wegen. Er umfaßt alle Rechtsgeschäfte, durch die Verfügungen über das Vermögen von Todes wegen getroffen werden, wozu allerdings auch die letztwilligen Verfügungen gehören. Diese letzteren sind nämlich nur die einseitigen Rechtsgeschäfte von Todes wegen, und sie heißen letztwillige Rechtsgeschäfte, weil sie dazu bestimmt sind, den letzten Willen des Verfügenden zum Ausdruck zu bringen und deshalb widerruflich sind. Nicht letztwillig und folgerecht nicht widerruflich sind dagegen die zweiseitigen Verfügungen von Todes wegen, die Erbverträge. An den Erbvertrag ist vielmehr der Testator gebunden; nur unter besonderen Voraussetzungen steht ihm das Rücktrittsrecht zu.

II. Unser Recht geht von dem Grundsatz der Testierfreiheit aus und führt ihn in einem sogar über das römische Recht hinausgehenden Maße durch. Soweit der Testator diejenige Geschäftsfähigkeit hat, die wir als Testierfähigkeit bezeichnen, kann er über sein Vermögen von Todes wegen frei verfügen, ohne die Umstoßung seiner Verfügung befürchten zu müssen: es gibt keine Erbfolge gegen den Willen des Erblassers mehr, und das sog. Pflichtteilsrecht beschränkt sich im wesentlichen auf einen Anspruch gegen den Nachlaß. Aber freilich kann der Erblasser seine Testierfreiheit selbst beschränken, eben durch Abschluß eines ihn bindenden Erb- oder Vermächtnisvertrages.

III. Den wichtigsten Inhalt der Rechtsgeschäfte von Todeswegen bilden die Verfügungen über das Vermögen des Erblassers, das insofern als sein Nachlaß bezeichnet zu werden pflegt, während die andere Bezeichnung „Erbschaft" zwar dasselbe Objekt betrifft, aber dessen Beziehung auf den Rechtsnachfolger im Auge hat. Solche Verfügungen sind vor allem Erbeinsetzung, Ernennung von Nacherben, Ausschließung gesetzlicher Erben von der Erbfolge, Anordnung von Vermächtnissen und Auflagen, Pflichtteilsentziehung oder -Beschränkung, Errichtung von Stiftungen, Bestimmungen über die Auseinandersetzung der Erbschaft und über die Ausgleichung von Vorempfängen unter Lebenden bei der Auseinandersetzung, Ernennung von Testamentsvollstreckern und Anordnungen für das Begräbnis des Erblassers. Aber die Verfügungen von Todes wegen beschränken sich nicht notwendig auf solche Anordnungen. Zwar können vertragliche Verfügungen nur Erbeinsetzungen, Vermächtnisse und Auflagen zum Gegenstand haben, aber als letztwillige Anordnungen können auch gewisse familienrechtliche Verfügungen getroffen werden, und andere können überhaupt nur in einem letztwilligen Rechtsgeschäft getroffen werden.

§ 5. Errichtung und Inhalt des Testamentes.

I. Die Errichtung des Testaments setzt in der Person des Testators nur die Testierfähigkeit voraus, die unter den allgemeinen Begriff der Geschäftsfähigkeit fällt (§§ 2229f.). Eine besondere Rechtsfähigkeit mortis causa, wie sie das römische Recht in der testamenti factio activa gekannt hat, ist dem geltenden Rechte fremd, was mit der Anerkennung der Rechtsfähigkeit des Menschen als solchen zusammenhängt. Die Testierfähigkeit fällt aber nicht mit der allgemeinen Geschäftsfähigkeit zusammen, sondern ist an die besondere Altersgrenze von 16 Jahren gebunden (§ 2229 II). Minderjährige, die das 16. Lebensjahr vollendet haben, können ein Testament errichten, und zwar ohne der Zustimmung ihres gesetzlichen Vertreters zu bedürfen (§ 2229 I). Diese Regelung ist sachlich durchaus berechtigt. Denn einerseits wird dadurch die Testamentserrichtung von der Erlangung eines Alters abhängig gemacht, das immerhin auf eine gewisse Reife des Urteils schließen läßt, und andererseits hat es keinen Sinn, hier die Folgen der sog. beschränkten Geschäftsfähigkeit eintreten zu lassen, da diese den Minderjährigen vor einer Schädigung durch eigene Handlungen bewahren soll, was bei letztwilligen Rechtsgeschäften überhaupt nicht denkbar ist. Anders liegt denn auch die Sache beim Erbvertrag, bei dem das Gesetz für den Erblasser die unbeschränkte Geschäftsfähigkeit verlangt (§§ 2274, 2275 I). Aber es versagt die Testierfähigkeit auch solchen „Testamentsvolljährigen", wie man die Minderjährigen über 16 Jahren nennen könnte, die wegen Geisteskrankheit entmündigt oder sich in einem dauernden Zustand krankhafter Störung der Geistestätigkeit befinden, oder wegen Geistesschwäche, Verschwendung oder Trunksucht entmündigt sind (§ 2229 III)[1]). Diese letzteren stehen zwar im allgemeinen Minderjährigen gleich, so daß sie beschränkt geschäftsfähig sind; aber die Testierfähigkeit fehlt ihnen ganz, wie es denn eine beschränkte Testierfähigkeit überhaupt nicht gibt.[2]) Das ist eine Folgerung aus dem Grundsatz der Selbstherrlichkeit des Testators: das Rechtssubjekt soll entweder aus seinem eigenen freien Willensentschluß oder gar nicht testieren können.

II. Die Testierfähigkeit bedeutet aber weder die Freiheit, jede erdenkliche Verfügung zum Inhalt eines Testaments zu machen (entsprechend der „Vertragsfreiheit"), noch das Recht, den letzten Willen in jeder beliebigen Form zu erklären. Vielmehr bindet das BGB. wie das römische und alle anderen modernen Rechte die Wirksamkeit des letzten Willens an die Beobachtung gewisser Formen, die freilich im Vergleich mit dem gemeinen Recht erheblich vereinfacht sind. Um so mehr wird man um der Zwecke willen, die diese Formvorschriften verfolgen, verlangen müssen, daß die Auslegung dabei streng verfahre und nicht durch nachsichtige Behandlung nachlässig errichteter Testamente um der Aufrechterhaltung des Testamentsinhalts willen die Sicherheit der Testamente selbst gefährde. Die Zwecke dieser Formvorschriften aber sind: einmal den Testator durch die Bindung an gewisse Förmlichkeiten vor Übereilung zu bewahren und zu ruhiger Überlegung zu zwingen, und andererseits in der vollendeten Urkunde eine Gewähr dafür zu schaffen, daß sie den Ausdruck eines abgeschlossenen Willens, nicht einen bloßen Entwurf, bildet und den darin bezeichneten Testator zum Urheber dieser Willenserklärung hat. Würde diesem Gesichtspunkt durch das öffentliche Testament am besten Rechnung getragen, so erschien dieses doch als ein zu schwerfälliger Apparat, als daß es als einzige Testamentsform hätte genügen können, und dasselbe war gegen die Beibehaltung des gemeinrechtlichen Privattestaments vor sieben Zeugen einzuwenden. Deshalb hat das BGB. neben dem öffentlichen Testament, das durch Erklärung des letzten Willens zu Protokoll der Behörde oder durch Übergabe der Testamentsurkunde an die Behörde mit entsprechender Erklärung errichtet wird, ein Privattestament anerkannt, das aus dem französischen Rechte stammende Eigenhändige Testament, dessen einzige Formalitäten die eigenhändige Niederschrift, Datierung und Unterschrift der Willenserklärung sind (§§ 2231—2247, 2231 Z. 2). Unter gewissen Voraussetzungen stellt das Gesetz auch einige „außerordentliche" Testamentsformen zur Verfügung, die, im Gegensatz zum gemeinen Recht, nur Erleichterungen, nicht Erschwerungen der Testamentserrichtung für besondere Fälle gewähren (§§ 2249—2252).

III. Neben diesen formellen Erfordernissen hat die letztwillige Erklärung auch gewissen materiellen Anforderungen zu genügen. Sie muß — was übrigens von allen Erklärungen von Todes wegen gilt — stets eine höchstpersönliche Willenserklärung

---

[1]) Nicht testierunfähig im Sinne einer personenrechtlichen Rechtslage ist, wer sich in einem nur vorübergehenden Zustand geistiger Störung oder Bewußtlosigkeit befindet. Aber das in diesem Zustand errichtete Testament ist gleichfalls nichtig, § 105 II BGB.

[2]) Eine Besonderheit gilt für diese Personen insofern, als nach § 2229 III die Unfähigkeit schon mit der Stellung des Entmündigungsantrages eintritt.

in dem Sinne sein, daß sie vom Testator nur persönlich errichtet werden kann. Das bedeutet natürlich nicht, daß fremder Rat und fremde Hilfe ausgeschlossen wäre; und das Testament kann vor allem seinem ganzen Umfang und Inhalt nach von einem anderen entworfen sein; aber dies ist auch nur Vorbereitung des Testieraktes, bei dem selbst jede Stellvertretung ausgeschlossen ist. Ferner soll der letzte Wille nach der Meinung des Gesetzes auch selbständig in dem Sinne sein, daß er Geltung und Inhalt nicht von fremder Willkür empfangen soll; daher darf der Testator nicht erklären, daß ein anderer bestimmen solle, ob seine Verfügung gelten solle, und die Bestimmung des durch eine Zuwendung Bedachten oder des zugewendeten Gegenstandes nicht einem anderen überlassen (§ 2065; vgl. im Gegensatz dazu § 2151), eine Vorschrift, die auf die römische Auffassung des Testators als des souveränen Gesetzgebers zurückgeht und sachlich auch heute durch den Gedanken gerechtfertigt wird, daß ein Erblasser, der über die Schicksale seines Vermögens und seiner Angehörigen nach seinem Tode nicht zu eigener fester Entschließung zu kommen vermag, auch die gesetzliche Ordnung dieser Verhältnisse nicht braucht außer Kraft setzen zu können. So bedeutet diese Vorschrift nicht sowohl eine Beschränkung, als vielmehr eine Folgerung aus der zum obersten Grundsatz des Testamentserbrechts gemachten Willensfreiheit des Testators.

IV. Maßgebend für die Schicksale des Vermögens soll ausschließlich der letzte Wille des Erblassers sein. Daher gilt es, diesen Willen außer Zweifel zu stellen, was durch die Auslegung des Testamentes zu geschehen hat. Dabei kommt vor allem der für alle Willenserklärungen geltende Grundsatz zur Anwendung, daß die Auslegung nicht an dem Buchstaben haften darf, sondern den „wirklichen Willen" zu erforschen hat (§ 133). Aber die herrschende Lehre behauptet sogar, daß bei letztwilligen Verfügungen die Auslegung den Willen des Verfügenden in einem anderen Sinn zu erforschen habe, als bei Rechtsgeschäften unter Lebenden, nämlich daß sie hier jedenfalls das sog. Willensdogma streng durchzuführen habe. Das Gesetz selbst bringt jedoch diese Auffassung nicht zum Ausdruck; es beschränkt sich darauf, den Grundsatz der „benigna interpretatio" aufzustellen, wonach, wenn die Auslegung nicht zu einem alle Zweifel ausschließenden Ergebnis kommt, diejenige Auslegung vorgezogen werden soll, bei der die Verfügung Erfolg haben kann (§ 2084). Aber diese Vorschrift hält sich selbst durchaus innerhalb des Begriffs der Auslegung und hat nicht die Bedeutung, daß durch sie eine eigene Auslegungsmethode für Testamente festgelegt würde. Abgesehen davon aber geht diese Lehre auch von einer widersinnigen Voraussetzung aus, insofern sie nämlich das Verhältnis von Wille und Erklärung beim Rechtsgeschäft durchaus verkennt. Sie hängt an der — freilich durch das byzantinische Recht einigermaßen vorbereiteten — gemeinrechtlichen, dualistischen Auffassung, wonach in der „Willenserklärung" zwei Bestandteile konkurrierend zur Geltung kommen, der auf den rechtlichen Erfolg, die „Rechtswirkung", gerichtete Wille, und die Erklärung, die diesen an sich bestehenden Willen zum Ausdruck bringen soll. Aber einerseits ist das Verhältnis von Wille und Erklärung, wie bei allen Rechtsgeschäften, so natürlich auch beim Testamente, ein durchaus anderes, als es sich diese Lehre vorstellt, insofern die Willenserklärung von durchaus einfacher, nicht dualistischer, Struktur ist, so daß von einer Zusammensetzung aus Willen und Erklärung keine Rede sein kann, und Ziel der Auslegung nicht etwa die Herausarbeitung des an sich seienden Willens, sondern, trotz der Fassung des § 133, ganz einfach die Klarstellung des Sinnes dieser, zweifelhaft mit wieviel Recht, Willenserklärung genannten Erklärung sein muß, und andererseits kann das durch diese Erklärung Gewollte jedenfalls nicht die sog. Rechtswirkung des Rechtsgeschäftes, hier der letztwilligen Verfügung sein, da die mit Unrecht „Rechtswirkung" des Rechtsgeschäftes genannte Rechtsfolge in keiner erdenklichen kausalen Beziehung zu der Willenserklärung steht. So muß sich der Wille des Erklärenden beim Testament wie bei anderen Rechtsgeschäften darauf beschränken, etwas herbeizuführen, was wirklich gewollt werden kann, und das ist die Hervorbringung eines bestimmten geistigen Erfolges in der Außenwelt, einer bestimmten Vorstellung von dem, was eben erklärt wird. Dieser geistige Erfolg soll durch die „Auslegung“ genannte Tätigkeit aus der Sphäre des Zweifelhaften in die der Objektivität entrückt werden; daß dies die alleinige Aufgabe der Auslegung ist, ergibt sich vor allem aus den Auslegungsregeln, die das Gesetz für Willenserklärungen im allgemeinen und für die letztwilligen Rechtsgeschäfte im besonderen gibt (§§ 2066 f.). Die Rechtsfolge ist an diesen Tatbestand auch nicht etwa deshalb geknüpft, weil der Erklärende dies gewollt hat (was er nicht kann), noch auch weil das Gesetz es gewollt hat, weil nämlich auch das Gesetz die Rechtsfolge in keinem vernünftigen Sinne wollen kann, sondern weil der Gesetzgeber die Rechtsnorm gewollt hat, unter die die Willenserklärung als konkreter Tatbestand subsumiert werden kann, worin sich das ganze Wesen der „Rechtsfolge“ erschöpft. So bleibt also für die Durchführung des sog. Willensdogmas auch bei den letztwilligen Verfügungen keine Möglichkeit; vielmehr hat die Auslegung hier wie anderwärts den immanenten Sinn und Inhalt der Willenserklärung zu erforschen und sich dabei aller der Hilfsmittel zu bedienen, die zu dieser Ermittlung dienlich erscheinen. Auf die Ermittlung der subjektiven Absicht des Testators kann sie daher nur insofern gerichtet sein, als diese Absicht, wenn sie irgendwie festgestellt werden kann, als ein Auslegungsmittel für die letztwillige Erklärung selbst in Frage kommen kann. Diese Feststellung erscheint also nur als Mittel zum Zweck der Ermittlung des Erklärungssinnes: „Was zu keinerlei Ausdruck gekommen ist, ist nicht gültig verfügt.“ Dem entspricht auch durchaus die Behandlung der sog. Willensmängel bei der letztwilligen Verfügung (§§ 2078ff.): Sowenig die Auslegung dem „wirklichen Willen“ gegenüber der Erklärung zur Geltung zu verhelfen vermag, sowenig kann dies die Anfechtung erreichen: sie kann nur die Willenserklärung außer Kraft setzen, nicht aber den Willen an sich ihr gegenüber in Kraft setzen, d. h. dem Erklärungsinhalt einen anderen substituieren. Vor allem aber ergibt die Behandlung des Irrtums bei der letztwilligen Verfügung, wie wenig Grundlage die Lehre hat, wonach bei der Auslegung der Erklärung nicht, wie im allgemeinen, nur die den Parteien erkennbaren Umstände zu berücksichtigen sein sollen, sondern alle Umstände und vor allem alle Handlungen des Erblassers schlechthin. Denn wäre das richtig, dann wäre der Fall überhaupt nicht denkbar, daß der Erblasser sich über den Inhalt seiner Erklärung im Irrtum befand; auch der Wille des Erblassers müßte ja doch irgendwie objektiv festgestellt werden können, um für die Anfechtung nach § 2078 die Grundlage zu geben, und diese objektive Feststellung würde zugleich den Inhalt der Willenserklärung beeinflussen. — Nur eine Konsequenz daraus, daß es die Aufgabe der Auslegung ist, Sinn und Inhalt der letztwilligen Willenserklärung zu ermitteln, ist die Regel: falsa demonstratio non nocet, die die römischen Juristen für alle Arten von Rechtsgeschäften aufgestellt haben, und die zweifellos auch heute noch in Geltung ist. Eine objektiv unrichtige Bezeichnung, vor allem der Person des Bedachten, steht der Gültigkeit einer Zuwendung nicht im Wege, wenn nur die Person, die der Erblasser bedenken wollte, durch die Auslegung zu ermitteln ist. Diese unrichtige Bezeichnung braucht übrigens gar nicht auf einem Irrtum zu beruhen, sie kann beabsichtigt sein, um die Motive des Testators zu verdecken. Wenn es sich dagegen um eine wirkliche Verwechslung von Personen handelt, z. B. dem Testator an Stelle der Person, die er bedenken wollte, vom Schreiber des Testaments eine andere Person untergeschoben wird, so ist mit den römischen Juristen zu sagen: neque eum heredem esse, qui scriptus est, quoniam voluntate deficitur (d. h. weil der Wille fehlte, überhaupt diese Erklärung abzugeben, die nur dem Scheine nach eine Erklärung des Testators ist), neque eum, quem voluit, quia scriptus non est. Natürlich kann der Testator der Auslegung dadurch zu Hilfe kommen, daß er selbst erläutert, in welchem Sinn der oder jener von ihm gebrauchte Ausdruck zu verstehen sei. Aber bindend ist eine solche Erklärung nur dann, wenn sie selbst die Form einer letztwilligen Verfügung beobachtet.

V. Wenn auch das Testament eine rechtsgeschäftliche Einheit bildet, so daß die verschiedenen darin enthaltenen rechtsgeschäftlichen Verfügungen gegenseitig zu ihrer Auslegung verwendet werden können, so sind diese doch nicht in bezug auf ihre Gültigkeit voneinander schlechthin abhängig, so daß mit der einen auch die andere hinfällig würde. Vielmehr tritt diese Folge nur dann ein, wenn anzunehmen ist — was natürlich eine Auslegungsfrage ist — daß der Testator die eine nicht ohne die andere Verfügung getroffen hätte (§ 2085). Unwirksamkeit eines Teils derselben letztwilligen Verfügung dagegen zieht im Zweifel die Unwirksamkeit der ganzen Verfügung nach sich (§ 139).

§ 6. Die Erbeinsetzung.

I. Unter den Zuwendungen von Todes wegen, d. h. den Verfügungen, die bezwecken, dem durch sie Begünstigten ein Recht auf einen Vermögenswert aus dem Nachlaß zu gewähren, spielt eine besondere Rolle die Erbeinsetzung. Im alten römischen Recht ein Geschäft von vorwiegend sakral- und familienrechtlicher Bedeutung, auch in anderen und vor allem auch in germanischen Rechten im engsten Zusammenhang mit der Adoption zum Zweck der Erhaltung der Familie stehend, hat sie doch im Lauf der Zeit diesen Zusammenhang vollkommen eingebüßt und ist heute wie schon im gemeinen Recht ein rein vermögensrechtliches Geschäft. Wir verstehen darunter die letztwillige Ernennung eines Gesamtrechtsnachfolgers in dem früher erörterten Sinn, die Einsetzung in die nicht ganz zutreffend als Vermögen des Erblassers bezeichnete Rechtsstellung, sei es nur einer Person oder mehrerer zu je einem Bruchteil (vgl. § 2087). Denn es kann nicht zweifelhaft sein, daß zwar die Zuwendung von Vermögen die praktisch wichtigste Seite der Erbeinsetzung ist, daß sie sich aber darin nicht erschöpft und daß vor allem auch ein Rechtssubjekt, das keinerlei Vermögen hat, einen anderen zum Erben ernennen kann.

II. Zur Erbeinsetzung ist, wie schon nach gemeinem Recht, der Gebrauch bestimmter Worte nicht erforderlich. Die Frage, ob eine Zuwendung als Erbeinsetzung aufzufassen sei, ist daher eine Auslegungsfrage, die nicht nach den gebrauchten Worten allein, sondern nach dem ganzen Inhalt der Verfügung zu beantworten sein wird. Denn so scharf der am römischen Recht geschulte Jurist zwischen Erbeinsetzung und Einzelzuwendung unterscheidet, so ist doch diese Unterscheidung in das gemeine Sprachbewußtsein nicht eingedrungen und nicht selten „vermacht“ der Erblasser dem einen sein gesamtes Vermögen, während er in derselben Verfügung einen anderen auf eine einzelne Sache „zum Erben einsetzt“. Mit Recht schneidet hier das BGB. Zweifel und Spitzfindigkeiten ab, indem es die Zuwendung des Vermögens oder eines Bruchteils davon als Erbeinsetzung aufzufassen heißt (§ 2087 I), während es im umgekehrten Fall, wo dem Bedachten nur einzelne Gegenstände zugewendet sind, mit ebensoviel Bedacht eine bloße Auslegungsregel aufstellt, nämlich daß er nicht als Erbe anzusehen sei, auch wenn er als Erbe bezeichnet ist (§ 2087 II). Dadurch ist einerseits das Erbschaftsvermächtnis ausgeschlossen, das ja auch durch die Einrichtung der Nacherbschaft entbehrlich geworden ist und die Zuwendung des „Vermögens“ der sachlich allein angemessenen Regelung unterstellt; andererseits aber durch die genannte Auslegungsregel die Möglichkeit gewährt, eine nur unpassend formulierte Verfügung doch auf dem Wege der Auslegung der sachgemäßen Normierung als Universalzuwendung zu unterstellen. Zu dieser Auslegung wird insbesondere dann Veranlassung sein, wenn der Testator ausdrücklich überhaupt keine Gesamtrechtsnachfolger ernannt hat und die Einzelobjekte, über die er verfügt, sein Vermögen erschöpfen. Man wird aber in solchen Fällen, wenn also die Auslegung zu dem Ergebnis führt, daß in der Tat Erbeinsetzung gemeint sei, nicht in die Finessen der römischen institutio ex re certa verfallen dürfen, sondern die Bezeichnung der Einzelobjekte bei Mehrheit der Erben als Teilungsanordnung aufzufassen haben, wobei zugleich durch das Wertverhältnis der genannten Gegenstände die Höhe der Erbteile mittelbar bestimmt ist.

III. Mit dem Wesen des römischen Testamentes hängt aufs innigste der Satz des alten Rechts zusammen: Nemo pro parte testatus, pro parte intestatus decedere potest. Die Testamentserbfolge schloß die Intestaterbfolge notwendig aus; hatte daher der Erblasser einmal ein gültiges Testament errichtet, so konnte er überhaupt nicht mehr ab intestato beerbt werden, da die Aufhebung wieder durch Testament, also unter Erbeinsetzung erfolgen mußte; und hatte er in seinem Testament nur über einen Teil seines Nachlasses verfügt, so erhielt der Testamentserbe notwendig auch den Rest, obwohl vielleicht der Erblasser die Absicht hatte, diesen seinen Intestaterben zu hinterlassen. Dieser Grundsatz ist dem deutschen Rechtsbewußtsein immer fremd und unerträglich erschienen, was begreiflich ist, da wir das römische Recht als eine fertige, von seinen geschichtlichen und kulturellen Grundlagen gelöste Einrichtung rein technischen Charakters übernommen hatten. Deshalb haben ihn die Partikularrechte aufgegeben und ist er auch in das BGB. nicht aufgenommen worden. Vielmehr verordnet es das Gegenteil vom römischen Recht: Hat der Erblasser nur einen Erben eingesetzt und die Einsetzung auf einen Bruchteil der Erbschaft beschränkt, so tritt in Ansehung des übrigen Teils die gesetzliche Erbfolge ein (§ 2088). Ebenso erhöhen sich die Bruchteile mehrerer Erben, die die ganze Erbschaft nicht erschöpfen, nicht durch Anwachsung des übrigen Teils, sondern es tritt auch hier für den Rest die Intestaterbfolge ein (§ 2088 II). Das Testament schließt daher die gesetzliche Erbfolge nicht schon durch sein Dasein, sondern nur durch seinen Inhalt aus: soweit dieser reicht, ist für die Intestaterbfolge kein Raum. Nur wenn nach dem erkennbaren Willen des Erblassers die eingesetzten die alleinigen Erben sein sollen — was bei der Ernennung nur eines Erben ex parte nicht wohl denkbar ist, weil dies eine widersinnige Verfügung wäre — tritt, wenn die gemachten Bruchteile den Nachlaß nicht erschöpfen, eine entsprechende Erhöhung der Bruchteile ein (§ 2089). Eine solche Verfügung aber, die infolge ihrer ergänzenden Auslegung die Erbschaft erschöpft und verhindert daß die gesetzlichen Erben zur Erbschaft gelangen, ist wohl zu unterscheiden von einer Verfügung, durch die der Erblasser geradezu seine gesetzlichen Erben von der Erbfolge a u s s c h l i e ß t, was für den Fall der Ausschlagung der Erbschaft durch die Testamentserben von Bedeutung ist. Umgekehrt sind, wenn die gemachten Bruchteile das Ganze der Erbschaft übersteigen, sie verhältnismäßig zu mindern (§ 2090).

IV. Häufig wird der Erblasser mehrere Erben ernennen, ohne sie auf bestimmte Bruchteile einzusetzen. In diesem Fall gelten sie regelmäßig als zu gleichen Teilen eingesetzt (§ 2091). Abweichungen können sich durch die Anwendung verschiedener Auslegungsregeln ergeben. Der Erblasser kann die Erben aber auch zu verschieden großen Teilen einsetzen, und zwar nicht nur mit ausdrücklichen Worten, sondern auch mittelbar, indem er mehrere in eine Gruppe zusammenfaßt, um auszudrücken, daß sie von den zu bildenden Hauptbruchteilen nur e i n e n bekommen sollen. Dies entspricht der re conjunctio des römischen Rechts. Ob dies der Fall sei, ist Auslegungsfrage. Dabei kann es wieder vorkommen, daß die in solcher Weise sachlich verbundenen Erben mehr oder weniger zugewendet bekommen haben, als das Ganze ihres Gesamtbruchteils beträgt; in diesem Falle tritt natürlich unter ihnen wieder Minderung oder Erhöhung ihrer Einzelbruchteile innerhalb des gemeinsamen Bruchteils ein. Sind endlich von mehreren eingesetzten Erben die einen auf Bruchteile, die anderen ohne solche eingesetzt, so erhalten letztere den freigebliebenen Teil der Erbschaft; ergibt sich ein solcher nicht, so soll jeder der ohne Bruchteil eingesetzten soviel erhalten, wie der auf den kleinsten Bruchteil eingesetzte Erbe (§§ 2092ff.).

V. Die auf solche Weise sich ergebenden Erbteile können sich jedoch infolge des vor oder nach dem Erbfall eintretenden Wegfalls von Miterben vergrößern. Diese „Anwachsung" genannte Erscheinung (§§ 2094, 2095) trat im römischen Recht immer dann ein, wenn überhaupt ein Erbe, sei es nun bei der testamentarischen oder bei der gesetzlichen Erbfolge, wegfiel. Sie beruhte auf dem Gedanken, daß der Tatbestand, der beim Vorhandensein mehrerer Erben die Berufung des einzelnen nur auf einen Erbteil zu begründen vermag, beim Wegfall dieser Mitberufenen die Berufung auf die ganze Erbschaft zur Folge haben muß (concursu partes fiunt). Das kommt auch in dem bekannten gemeinrechtlichen Satz zum Ausdruck: portio portioni accrescit, non personae, und in der gelegentlichen Bemerkung der Quellen, das jus accrescendi sei eigentlich ein jus non decrescendi. Dieser Gesichtspunkt mußte natürlich infolge der Unteilbarkeit der Berufung sowohl bei der gesetzlichen wie bei der Testamentserbfolge zur „Akkreszenz" führen. Da durch die Errichtung des Testaments die Intestaterbfolge überhaupt ausgeschlossen wurde, mußte das Testament ebenso wie die Verwandtschaft mit dem Erblasser zur grundsätzlichen Berufung jedes Erben auf die ganze Erbschaft führen, was eben in dem genannten Satze zum Ausdruck kam. Nach dem BGB. beruht dagegen die „Anwachsung" auf einem ganz anderen Gedanken. Von Anwachsung spricht es überhaupt nur bei der testamentarischen Erbfolge; bei der Intestaterbschaft bezeichnet es die römische Akkreszenz als Erhöhung des gesetzlichen Erbteils (§ 1935) und bringt durch diese terminologische Unterscheidung schon zum Ausdruck, daß es sich in beiden Fällen um verschiedenartige Institute handelt. Während die Erhöhung des gesetzlichen Erbteils nämlich auf dem Grundgedanken der römischen Akkreszenz beruht, wird die Anwachsung auf den vermutlichen Willen des Erblassers zurückgeführt. Diese Änderung des Standpunkts war notwendig, weil das BGB. den Grundsatz der Unteilbarkeit der Berufung (nemo pro parte testatus etc.) aufgegeben hat. Da der Erblasser teils nach seinem letzten Willen, teils nach dem Gesetz beerbt werden kann, ist es nicht notwendig, daß beim Wegfall eines Testamentserben die übrigen Testamentserben an seine Stelle treten; es können vielmehr auch die Intestaterben in Frage kommen. Die Anwachsung tritt also nicht mit derselben begrifflichen Notwendigkeit ein, wie die Akkreszenz des römischen Rechtes. Dem trägt das BGB. durch den Dispositivrechtssatz (keine Auslegungsregel!) Rechnung, daß beim Wegfall von Testamentserben zwar grundsätzlich Anwachsung eintritt, aber der Testator sie ausschließen kann. Wenn diese Anwachsung nach dem BGB. auch dann eintreten soll, wenn der konkurrierende Miterbe schon vor dem Erbfall weggefallen ist (§ 2094 I), so hat dies hier seinen guten Sinn; weil nämlich die Höhe des Erbteils, auf den jeder Miterbe berufen ist, an sich durch den Willen des Erblassers in bestimmter Weise festgelegt ist. Die Anwachsung läßt sich insofern als eine präsumtive gegenseitige Substitution der Miterben bezeichnen. Ist umgekehrt der Miterbe nach dem Erbfall weggefallen, so muß keineswegs immer die Anwachsung eintreten. Durch seinen Tod wird vielmehr, wenn er die Erbschaft noch nicht angenommen hatte, seine Berufung keineswegs hinfällig, sondern sie bleibt wirksam, und infolge des ipso jure erfolgten Erwerbs der Erbschaft geht seine Quote mit dem Recht der Ausschlagung auf seine eigenen Erben über; nur seine oder dieser Erben Ausschlagung führt also hier die Anwachsung herbei. Der „Wegfall" eines Miterben im Sinne des Gesetzes ist mithin Zerstörung der Berufung; sie tritt ein durch Ausschlagung, Tod vor dem Erbfall und durch Erbunwürdigkeit. Die Folge der Anwachsung aber ist die Erhöhung des Erbteils des Anwachsungsberechtigten. Aber immerhin hatte der Erblasser den einzelnen Erben in seiner Verfügung auf einen Erbteil von bestimmter Höhe berufen und diese Quoten vielleicht in verschiedenem Maße mit Vermächtnissen und Auflagen belastet. In dieser Beziehung, sowie hinsichtlich der etwa bestehenden Ausgleichspflicht gilt nach vernünftiger Regelung sowohl der ursprüngliche, wie der anwachsende Teil als besonderer Erbteil (§ 2095). Im übrigen dagegen geht der anwachsende Teil in dem Erbteil des Berechtigten auf; und ganz folgerichtig;

denn auch die Anwachsung beruht auf der Ungeteiltheit der Berufung, wenn diese hier auch auf den vermutlichen Willen des Erblassers zurückgeführt wird. Daher gilt die Annahme oder Ausschlagung des ursprünglichen Erbteils auch als Annahme oder Ausschlagung des anwachsenden oder angewachsenen Erbteils und braucht der Erbe vor allem auch die Anwachsung nicht zu erleben, da keine neue Berufung auf den anwachsenden Teil vorliegt.

§ 7. Ernennung von Ersatz- und Nacherben.

I. Wie das Gesetz für den Fall, daß der zunächst zur Erbschaft Berufene nicht zur Erbschaft gelangt, andere Personen zur gesetzlichen Erbfolge beruft (successio ordinum et graduum), so kann auch der Erblasser für den Fall, daß der von ihm zunächst Eingesetzte nicht Erbe wird, einen anderen zur Erbschaft berufen. Dies ist die Ersatzberufung oder Substitution (§§ 2096ff.). Diese Ersatzberufung erfolgt für den Fall, daß die Berufung des zunächst Eingesetzten hinfällig wird, sei es durch Ausschlagung oder Erbverzicht oder infolge seiner Erbunwürdigkeit. Der Übergang der Erbschaft, die dem zunächst berufenen Erben bereits angefallen, aber von ihm noch nicht definitv erworben war, auf seine Erben (die „Transmissare") wird also durch die Substitution nicht ausgeschlossen; die Transmissare gehen vielmehr dem Substituten vor. Eine solche Ersatzberufung vermutet das BGB. vor allem, wenn der Erblasser einen seiner Abkömmlinge berufen hat und dieser nach Errichtung des Testamentes wegfällt, zugunsten der Abkömmlinge des eingesetzten Erben und ebenso, wenn ein Nacherbe ernannt ist, der Vorerbe aber den Erbfall nicht erlebt oder die Erbschaft nicht erwirbt. In der Berufung zum Nacherben liegt also zugleich die Berufung als Ersatzerbe. Die Einsetzung als Ersatzerbe wäre logischerweise mit dem römischen Recht als willkürlich bedingte Erbeinsetzung zu behandeln; die Folge müßte sein, daß der Substitut erst mit dem Eintritt der Bedingung, d. h. mit dem Wegfall des zunächst eingesetzten Erben berufen wäre und diesen Zeitpunkt auch erleben müßte, eine Folgerung, die das römische Recht auch wirklich gezogen hat. Unser BGB. gibt auf diese Frage keine unmittelbare Antwort; die Wissenschaft sucht das genannte Ergebnis durch die Auffassung zu vermeiden, daß der Wegfall des zunächst eingesetzten Erben für die Berufung des Ersatzerben eine condicio juris sei, die den Anfall der Erbschaft nicht hinausschiebe. Indessen ist diese Begründung der gewollten Entscheidung ganz offenbar unhaltbar; denn so richtig es ist, daß ein Rechtsgeschäft, das seinem wesentlichen Inhalt nach eine bedingte Zuwendung enthält, nicht ohne diese Bedingung gedacht werden kann, so bedarf es doch eben gerade in unserm Falle der Zufügung der Bedingung, daß der zunächst eingesetzte nicht Erbe werde, damit der durch die Verfügung Bedachte als Ersatzerbe berufen sei, und liegt insofern eine wirkliche bedingte Erbeinsetzung vor. Ebensowenig läßt sich die genannte Entscheidung darauf zurückführen, daß die Ausschlagung nach unserm BGB. rückwirkende Kraft und die Feststellung der Erbunwürdigkeit gleichfalls die Folge hat, daß der Anfall an den Berufenen als nicht erfolgt gilt; denn diese Vorschriften müssen gegenüber der Vorschrift des § 2074, wonach der durch eine bedingte Zuwendung Bedachte den Eintritt der Bedingung erleben muß, offenbar bedeutungslos sein. Aber die richtige Entscheidung folgt daraus, daß in diesem Fall bedingter Erbeinsetzung der Anfall der Erbschaft an den Ersatzerben nicht bis zur Entscheidung der Bedingung hinausgeschoben ist, da der Ersatzerbe eben nicht Nacherbe, sondern Erbe werden soll, so daß der Bedingung hier ausnahmsweise rückwirkende Kraft zukommen muß. Anders als im römischen Recht, wo die Bedingung die Hinausschiebung der Delation bedeutete und deshalb der bedingt eingesetzte den Eintritt der Bedingung erleben mußte, ist im heutigen Recht die Erbschaft dem bedingt eingesetzen Ersatzerben sofort, wenn auch bedingt, deferiert, und die Vorschrift des § 2074 zieht nicht etwa eine Folgerung aus der Hinausschiebung der Delation, sondern ist von dieser Frage ganz unabhängig, wie sich vor allem daraus ergibt, daß sie eine bloße Auslegungsregel ist, die ihre Folge auf den vermutlichen Willen des Erblassers gründet. Da im Fall der Einsetzung eines Ersatzerben mit Sicherheit anzunehmen ist, daß der Bedachte nicht erst Nacherbe nach § 2105, sondern sofort Erbe werden soll, falls nur überhaupt der Substitutionsfall eintritt, so muß die Auslegungsregel des § 2074 in diesem Fall als unanwendbar betrachtet werden. Infolgedessen muß der Ersatzerbe nur den Erbfall, nicht den Substitutionsfall erleben, um sein Recht an der Erbschaft auf seine Erben transmittieren zu können. — Hat der Erblasser, was besonders häufig der Fall sein wird, einen Miterben dem anderen oder mehrere Miterben sich gegenseitig substituiert, so tritt, wenn der eingesetzte Erbe wegfällt, im praktischen Ergebnis dieselbe Folge ein wie bei der Anwachsung. Nur insofern besteht eine Verschiedenheit, als der durch die Ersatzberufung dem Erben zufallende Teil selbständiger Annahme und Ausschlagung unterworfen ist, was bei der Anwachsung nicht der Fall ist. Dies hängt damit zusammen, daß Erbportion und Substitutionsportion als besondere Erbteile durch besondere Berufungsgründe erworben werden, während in der Anwachsung nur derselbe Berufungsgrund wirksam ist, wie in der Berufung auf den ursprünglichen Erbteil.

II. Ganz verschieden von der Einsetzung eines Ersatzerben ist die Berufung eines Nacherben nach einem Vorerben (§§ 2100ff.). Während der Ersatzerbe dann eintritt, wenn der zunächst zum Erben Ernannte nicht Erbe wird, setzt der Eintritt der Nacherbfolge gerade voraus, daß der zunächst zur Erbschaft Berufene Erbe geworden ist. Der Erblasser kann nämlich anordnen, daß die Erbschaft zunächst einem Erben anfallen und von diesem sodann einem weiteren Erben herausgegeben werden soll, der als Nacherbe bezeichnet wird. Dieses Gebilde der Nacherbschaft geht geschichtlich auf das fideicommissum hereditatis des römischen Erbrechts zurück, das sich im Lauf der Zeit zu einer wirklichen Universalsukzession zweiten Grades entwickelt hat, wenn auch das römische Recht immer Anstoß daran genommen hat — vermutlich aus sakralrechtlichen Gründen — den Erben zweiten Grades geradezu als Erben zu bezeichnen. Noch das gemeine Recht und das Preußische Landrecht haben sich gescheut, die terminologische Konsequenz aus der römischen Entwicklung zu ziehen, obwohl für sie der Satz semel heres semper heres seinen Sinn verloren hatte; für das gemeine Recht blieb der zunächst Berufene der Erbe und der zweitberufene Vermächtnisnehmer, während das Landrecht freilich den letzteren zum Erben machte und dem sog. Vorerben nur die Stellung eines Nießbrauchers überwies. Sehr charakteristisch hat sich aber die preußische Praxis darüber hinweggesetzt und den Fiduziar bis zur Restitution als wirklichen Erben behandelt. Erst das BGB. hat die Entwicklung zum Abschluß gebracht, indem es dem Vorerben den Nacherben gegenüberstellt und beide als Universalsukzessoren behandelt. Eine solche Nacherbfolge liegt nach dem BGB. nicht nur dann vor, wenn der Erblasser sie ausdrücklich angeordnet hat, sondern auch, wenn er verfügt hat, daß der Erbe die Erbschaft in einem bestimmten Zeitpunkt oder mit dem Eintritt eines bestimmten Ereignisses an einen anderen herausgeben solle; dann erhält dieser letztere also nicht bloß die Stellung eines Vermächtnisnehmers, sondern des Erben. Ferner ist die bedingte und die befristete Erbeinsetzung als stillschweigende Anordnung der Nacherbfolge aufzufassen, insofern nämlich die Einsetzung unter einem Endtermin oder einer auflösenden Bedingung als Anordnung der Nacherbfolge zugunsten der gesetzlichen Erben des Erblassers aufgefaßt werden soll, während die Einsetzung unter einer aufschiebenden Bedingung oder einem Anfangstermin als Einsetzung der gesetzlichen Erben zu Vorerben mit der Verpflichtung, die Erbschaft im fraglichen Zeitpunkt an die im Testament Eingesetzten als Nacherben herauszugeben, aufgefaßt werden soll. Nur wenn dabei der Fiskus als Nacherbe in Frage käme, sieht das Gesetz von dieser autoritativen Ergänzung des letzten Willens ab, weil nicht anzunehmen ist, daß deutsche Erblasser so viel fiskalischen Sinn besitzen, daß die stillschweigende Bedenkung des Fiskus denkbar wäre; in diesem Fall muß also die Erbschaft dem Vorerben verbleiben und die auflösende Bedingung oder die Zeitbestimmung gestrichen werden. Ist ferner einer von mehreren Erben unter einer solchen Beschränkung eingesetzt, so werden mit dem Eintritt der Bedingung oder des Endtermins die übrigen Erben Nacherben nach den Grundsätzen über die Anwachsung. Ein besonders wichtiger Fall der Nacherbschaft liegt endlich vor, wenn die Erbschaft einer erst nach dem Erbfall gezeugten Person zukommen soll. Sie kann, wie bereits erörtert wurde, nicht Erbe werden; aber ihre Berufung wird als Anordnung einer Nacherbfolge aufrechterhalten (§ 2101 I). Dasselbe gilt für den Fall, daß eine zur Zeit des Erbfalls noch nicht rechtsfähige Korporation oder Stiftung zu Erben eingesetzt ist (§ 2101 II). Anders verhält es sich nur mit der eigenen Stiftung des Erblassers, die, wie erörtert wurde (oben S. 7) dem natürlichen nasciturus gleichgestellt ist, so daß sie die Stellung eines Erben und nicht eines bloßen Nacherben erhält.

1) Bei der Nacherbfolge müssen zwei Zeitpunkte unterschieden werden: der Zeitpunkt des Eintritts der Nacherbfolge und der von Strohal unter Verwendung eines für den dies cedens beim Singularvermächtnis im gemeinen Recht gebrauchten Ausdrucks als „Voranfall“ bezeichnete Zeitpunkt. In diesem erhält der Nacherbe eine vererbliche Anwartschaft auf die Erbschaft; in jenem tritt er in die Erbenstellung selbst ein. Das Gesetz sagt in diesem Fall, daß die Erbschaft „dem Nacherben anfällt“. Diesen Zeitpunkt muß aber der als Nacherbe Eingesetzte nicht erleben; es genügt vielmehr, wenn er einen früheren Zeitpunkt erlebt hat, nämlich regelmäßig den Zeitpunkt des Erbfalls. Nur in Ausnahmefällen tritt eine abweichende Behandlung des Voranfalls ein.

2) Auf die Nacherbfolge finden aber die Vorschriften über die Voraussetzungen der Berufung zur Erbschaft entsprechende Anwendung. Daher kann Nacherbe nur werden, wer zur Zeit des Eintritts der Nacherbfolge bereits lebt oder doch wenigstens schon erzeugt ist; wobei das über die Rechtsstellung des Nasziturus als Erbe Gesagte entsprechend anzuwenden ist. Dagegen soll der umgekehrte Satz, daß Erbe nur werden kann, wer zur Zeit des Erbfalls noch lebt, grundsätzlich auf den Nacherben nicht anwendbar sein. Vielmehr genügt eben, daß er den Zeitpunkt des sog. Voranfalls erlebt hat, sofern nicht ein anderer Wille des Erblasssers anzunehmen ist.

3) Über die rechtliche Stellung des Vor- und des Nacherben ist später zu handeln. Ebenso sollen die anderen letztwilligen Verfügungen, wie Vermächtnisse, Auflagen usw. in anderem Zusammenhang dargestellt werden.

§ 8. Gültigkeit und Ungültigkeit des Testamentes.

I. Der gemeine Sprachgebrauch bezeichnet einen Rechtsakt als gültig, wenn er die Sanktion der Rechtsordnung findet. Auch als wirksam wird ein solches Rechtsgeschäft bezeichnet, wobei die unzutreffende, aber vulgäre Auffassung mitgewirkt hat, daß zwischen dem Tatbestand des Rechtsgeschäfts und der sog. Rechtsfolge eine kausale Beziehung bestehe. Umgekehrt ist als ungültig oder unwirksam im weiteren Sinne eine Handlung zu bezeichnen, der das Gesetz die erstrebte Sanktion versagt. Diese Unwirksamkeit ist aber von verschiedener Art, und danach unterscheiden wir Nichtigkeit, Unwirksamkeit i. e. S. und Anfechtbarkeit. (Außerhalb des Rahmens dieser Begriffe liegen natürlich Handlungen, die überhaupt nicht als Willenserklärungen aufzufassen sind; sie sind nicht etwa ungültige Rechtsgeschäfte, sondern Nichtrechtsgeschäfte.) Und zwar bezeichnen wir auf Grund der — freilich nicht mit vollem Bewußtsein durchgeführten — Terminologie des Gesetzes als nichtig Willenserklärungen, bei denen es an einem wesentlichen Stück des Tatbestandes fehlt, also an der Geschäftsfähigkeit und dem Willen der Geschäftspartei, an der vorgeschriebenen Form und der Zulässigkeit des Inhalts (§§ 105, 117, 118, 125, 134, 138); als unwirksam solche, bei denen dieser wesentliche Tatbestand zwar vorhanden ist, aber irgendeine sonstige Rechtsfolgebedingung fehlt, wie z. B. die erforderliche Zustimmung eines Dritten (§§ 108, 111, 185 u. a.); als anfechtbar endlich ein Rechtsgeschäft, dessen Tatbestandsmerkmale und Rechtsfolgebedingungen zwar sämtlich vorhanden sind und das daher an sich auch die Sanktion der Rechtsordnung findet, dessen „Rechtsnormbetroffenheit" die Parteien aber aus besonderen in ihrer Person liegenden Gründen zu zerstören berechtigt sind, wenn diese „Wirksamkeit" von ihnen als unerträglich empfunden wird. (§§ 119, 120, 123, 318, 1331ff. u. a. m.) Entsprechend ist auch bei der letzwilligen Verfügung zu unterscheiden: Die Nichtigkeit eines Testaments kann beruhen: Auf dem Mangel der vorgeschriebenen Form; auf dem Fehlen der Testierfähigkeit des Erblassers; auf Bewußtlosigkeit oder krankhafter Störung der Geistestätigkeit des Testators zur Zeit der Testamentserrichtung; endlich auf der Unerlaubtheit des Inhalts. Auf solche nichtigen Testamente finden die allgemeinen Grundsätze über nichtige Rechtsgeschäfte und ihre Bestätigung Anwendung. Da die letztwillige Verfügung keine empfangsbedürftige Willenserklärung ist, kommen die besonderen Nichtigkeitsgründe solcher Erklärungen für sie nicht in Betracht. Aber auch die allgemeinen Unwirksamkeitsgründe der Rechtsgeschäfte spielen hier deshalb keine Rolle, weil das Gesetz die Mitwirkung dritter Personen bei der Errichtung des Testamentes ausschließt. Dagegen wird ein gültig errichtetes Testament natürlich dadurch nachträglich unwirksam, daß eine objektive Rechtsfolge- oder Wirksamkeitsbedingung nachträglich wegfällt, z. B. daß der eingesetzte Erbe vor dem Erblasser verstirbt oder die ihm gültig angefallene Erbschaft ausschlägt oder die Bedingung, unter der die Zuwendung erfolgt ist, ausfällt, oder der Fall der Nacherbfolge nicht innerhalb der gesetzlichen Frist eintritt oder eine hinsichtlich der Form privilegierte Verfügung durch Zeitablauf hinfällig wird. Während es für die Frage der Nichtigkeit wesentlich auf den Zeitpunkt der Errichtung des Testaments ankommen wird, wird die Wirksamkeit i. e. S. regelmäßig nach dem Zeitpunkt des Todes des Erblassers beurteilt werden müssen. — Anfechtbar endlich ist ein gültig errichtetes Testament wegen Irrtums und Drohung und wegen Übergehung eines zur Zeit des Erbfalls vorhandenen Pflichtteilsberechtigten, dessen Vorhandensein dem Erblasser bei der Errichtung der Verfügung unbekannt war oder der erst nachträglich geboren oder pflichtteilsberechtigt geworden ist (§§ 2078ff.).

II. Es liegt ferner im Wesen des Testaments als einer letztwilligen Verfügung, daß sie vom Testator jederzeit widerrufen werden kann (§§ 2253ff.). Das widerrufene Testament ist als nachträglich unwirksam zu betrachten. Verzicht des Erblassers auf späteren Widerruf ist unwirksam; will er an seine Verfügung gebunden sein, so muß er die Form des Erbvertrages wählen. Der Widerruf kann nach BGB. entsprechend dem späteren römischen Recht nicht nur durch ein neues Testament erfolgen — was aber heute nur formelle Bedeutung hat —, sondern auch durch Vernichtung der Testamentsurkunde und andere Veränderungen, durch die der Wille, eine schriftliche Willenserkärung aufzuheben, ausgedrückt zu werden pflegt (§ 2255). Besonderes gilt von einem öffentlichen oder in öffentliche Verwahrung gegebenen Testament: es gilt als widerrufen, wenn die in amtliche Verwahrung genommene Urkunde dem Erblasser zurückgegeben wird (§ 2256). Dies ist eine unwiderlegliche Vermutung; sie tritt ein, auch wenn der Testator keinen Widerruf beabsichtigt hat. Auch ohne eigentlichen „Widerruf" aber wird eine letztwillige Verfügung dadurch hinfällig, daß sie mit einem späteren Testamente inhaltlich unvereinbar ist. — Es liegt im Wesen des durch Testament erfolgten Widerrufs als einer letztwilligen Verfügung, daß er selbst wieder durch Testament widerrufen werden kann. Dadurch wird die widerrufene Verfügung ebenso wirksam, wie wenn sie überhaupt nicht widerrufen worden wäre. Dasselbe gilt von der Unwirksamkeit eines gültig errichteten Testaments infolge Unvereinbarkeit mit dem Inhalt eines späteren

Testamentes. Wird dieses letztere widerrufen, so ist damit der Unwirksamkeitsgrund hinfällig geworden und das frühere Testament wieder wirksam geworden.

§ 9. Das gemeinschaftliche Testament.

Unter einem gemeinschaftlichen Testament versteht man die Vereinigung der letztwilligen Verfügungen mehrerer Personen in demselben Testamente. Solche scheinen schon im Altertum unter Ehegatten vorgekommen zu sein; doch erkannte sie das römische Recht nicht an. Aber im gemeinen Recht gelangten sie gewohnheitsrechtlich zur Geltung, und zwar ohne irgendwelche Beschränkung; die späteren Kodifikationen verhielten sich zu ihnen weniger wohlwollend: der code civil verbot sie überhaupt; das preußische Landrecht und das österreichische BGB. ließen sie nur unter Ehegatten zu. In dieser Beschränkung hat sie auch das BGB. zugelassen (§§ 2265ff.) und mit Recht; denn wenn auch gewiß die gemeinschaftliche Verfügung eine Abnormität ist und gewisse Schwierigkeiten in der Rechtsanwendung zur Folge hat, so entspricht doch das Bedürfnis nach gemeinsamer letztwilliger Verfügung dem Wesen der Ehe als einer Gemeinschaft des ganzen Lebens und Willens, die sich auch über den Tod hinaus berechtigterweise geltend zu machen sucht. Ein solches gemeinschaftliches Testament kann in jeder Testamentsform errichtet werden; sogar als Privattestament, obwohl die genaue Erfüllung der für dieses vorgeschriebenen Förmlichkeiten an sich nicht möglich ist: das Gesetz erklärt die formgerechte Niederschrift durch den einen Ehegatten für erforderlich und ausreichend, wenn der andere Ehegatte die eigenhändig geschriebene, datierte und unterschriebene Erklärung beifügt, daß die Verfügung als sein Testament gelten solle (§ 2267). Der Inhalt eines solchen Testamentes kann, aber muß nicht darin bestehen, daß sich die Ehegatten gegenseitig bedenken (testamentum reciprocum) und daß die beiden Verfügungen miteinander stehen und fallen sollen (testamentum correspectivum). Die Gemeinschaftlichkeit bezieht sich also an sich nur auf die Form (testamentum simultaneum); dieses Testament kann daher alle Willenserklärungen enthalten, die überhaupt als letztwillige Verfügungen denkbar sind.

Besonders häufig sind gemeinschaftliche Testamente, die den Nachlaß nach dem Tode des überlebenden Ehegatten einem Dritten zuwenden. Diese Verfügung kann den Sinn haben, daß der Dritte aus dem Testament des letztverstorbenen Gatten als Erbe (Ersatzerbe) und aus dem des zuerst verstorbenen als Nacherbe berufen sein soll. In der Regel ist das aber nicht die Meinung der Testatoren und das BGB. entscheidet daher mit Recht den Fall durch eine Auslegungsregel anders: Es soll nämlich der überlebende Ehegatte zunächst Erbe des vorverstorbenen sein und nach dessen Tode soll der Dritte als sein Erbe in das gesamte, in seiner Hand vereinigte Vermögen berufen sein (§ 2269). Infolgedessen hat der überlebende Ehegatte die rechtliche Stellung eines Erben und nicht eines Vorerben, so daß er in der Verfügung über den Nachlaß des erstverstorbenen unbeschränkt ist, und muß der Dritte den Tod des überlebenden erleben, um überhaupt etwas aus dem Vermögen der beiden Ehegatten zu erlangen[1]). Auch Vermächtnisse zugunsten Dritter, die erst nach dem Tode des Zweitverstorbenen erfüllt werden sollen, fallen erst mit dem Tode des letzteren an.

Ein besonderes juristisches Interesse bietet das gemeinschaftliche Testament nur, wenn es k o r r e s p e k t i v ist. Ob dies der Fall sei, sieht das BGB. als eine Auslegungsfrage an; es vermutet aber mit Recht die gewollte Korrespektivität (Geltungsabhängigkeit), wenn sich in dem Testament die Ehegatten gegenseitig bedenken, sei dies nun durch Erbeinsetzung oder in anderer Weise, oder wenn zwar nur der eine Gatte den anderen bedenkt, dieser aber — unter der Voraussetzung seines Überlebens — eine Verfügung zugunsten einer dritten Person trifft, die mit dem

[1]) Sog. Berliner Testament.

anderen verwandt ist oder ihm sonst nahesteht; also in den Fällen vollkommener und hinkender Wechselseitigkeit. Die Auslegung kann jedoch auch in anderen Fällen zu dem Ergebnis führen, daß die Verfügungen in gegenseitiger Abhängigkeit voneinander stehen sollen. Liegt aber hiernach ein korrespektives Testament vor, so hat dies die Bedeutung, daß die Nichtigkeit und der Widerruf der einen Verfügung die Unwirksamkeit der anderen zur Folge hat. Für andere Gründe der Unwirksamkeit gilt dies nicht; vor allem wird die Verfügung des einen Ehegatten nicht dadurch hinfällig, daß der in der Verfügung des andren bedachte Dritte vor dem Testator verstirbt. Im näheren ist auch die Frage, wie weit sich die gegenseitige Abhängigkeit der beiderseitigen Verfügungen erstreckt, eine Auslegungsfrage.

Aus dem Gesagten ergibt sich, daß die Gemeinschaftlichkeit der Verfügung keine Bindung der Ehegatten an ihre Verfügungen begründet. Das gemeinschaftliche Testament ist kein Erbvertrag. Vielmehr kann jeder Ehegatte die von ihm getroffenen Verfügungen ebenso frei widerrufen, wie wenn sie in einem anderen Testament errichtet worden wären. Doch bestimmt das BGB. zur Abschneidung von Zweifeln, daß ein gemeinschaftliches Testament als widerrufen durch Zurücknahme aus der amtlichen Verwahrung nur dann gilt, wenn es von beiden Ehegatten zurückgenommen worden ist. Auch korrespektive Verfügungen sind an sich frei widerruflich. Aber das Gesetz zieht zunächst in bezug auf die Form des Widerrufs eine Schranke: solange beide Ehegatten leben, kann der eine Ehegatte seine Verfügung ohne die Zustimmung des anderen nur durch eine gegenüber dem andern abzugebende gerichtlich oder notariell beglaubigte Erklärung widerrufen, und ist vor allem auch der einseitige Widerruf durch eine neue Verfügung von Todeswegen nicht möglich. Eine gegen dieses Verbot verstoßende Verfügung wäre nichtig. Dagegen steht natürlich nichts der Aufhebung des Testaments durch ein neues gemeinschaftliches Testament oder einen Erbvertrag unter den Ehegatten im Wege; es soll ja durch diese Vorschrift nur verhindert werden, daß der eine Gatte sich an seine Verfügung gebunden glaubt und sie bestehen läßt, weil er auch die Verfügung des anderen als noch in Geltung betrachtet. Handelt es sich dabei aber nur um formelle Beschränkungen des Widerrufsrechts, so ändert sich dies mit dem Tode eines der Ehegatten: der überlebende Ehegatte hat damit das Recht des Widerrufs überhaupt verloren. Anders verhält es sich nur, wenn der Überlebende die ihm von dem Erstverstorbenen gemachte Zuwendung ausschlägt, oder, wenn das nicht geschieht, wenn sich der vom Überlebenden bedachte Dritte einer Verfehlung schuldig macht, die jenen zur Entziehung des Pflichtteils berechtigt oder doch berechtigen würde, wenn der Dritte sein Abkömmling wäre, weil angenommen werden muß, daß mit diesem Widerruf der vorverstorbene Ehegatte einverstanden wäre, wenn er noch lebte. Durch die Annahme der ihm gemachten Zuwendung seines Gatten wird also der Überlebende geradeso an seine eigene Verfügung gebunden, wie wenn er einen Erbvertrag geschlossen hätte.

Zweites Kapitel.

Der Erbvertrag.

§ 10. Begriff und Abschluß.

Auch die Erbverträge waren dem römischen Rechte fremd; sie wurden aber durch die gemeinrechtliche Praxis anerkannt. Die Kodifikationen haben sich zu ihnen verschieden verhalten; das französische Recht läßt sie nur unter Ehegatten zu; das preußische Landrecht hat den Erbvertrag — abweichend von seinem Standpunkt gegenüber dem gemeinschaftlichen Testamente — im weitesten Umfang zugelassen. Das BGB. folgt darin ihm und dem gemeinen Recht. Es versteht dabei unter Erbvertrag nur den Erbeinsetzungs- und Vermächtnisvertrag; den vertraglichen Erbverzicht regelt es an besonderer Stelle und in besonderer Weise.

I. Der Erbvertrag hat mit dem Testament gemein, daß er dazu bestimmt ist, die Rechtsverhältnisse eines Erblassers für die Zeit nach seinem Tode zu regeln. Er ist wie dieses ein Rechtsgeschäft von Todes wegen. Durch diese Verwandtschaft beider Institute und den Wunsch, die Gebilde des gemeinen Rechts auf das römische Recht zurückzuführen und aus ihm zu begründen, haben sich manche Juristen verleiten lassen, beide Rechtsgeschäfte als besondere Arten eines einheitlichen Institutes aufzufassen, vor allem der Pandektist HARTMANN, demzufolge der Erbvertrag ein Testament mit Widerrufsverzicht sein sollte. Indessen ist ein solches Testament mit seinem eigenen Begriff im Widerspruch; denn da es zum Wesen des Testamentes gehört, ein letztwilliges Geschäft zu sein, ist ein unwiderrufliches Testament kein Testament und kann ein Verzicht auf seinen Widerruf nicht wirksam sein. Aber freilich war die heutzutage klar herausgearbeitete Unterscheidung von Rechtsgeschäften von Todes wegen und letztwilligen Geschäften der gemeinrechtlichen Lehre noch nicht voll bewußt geworden.

II. Nach unserm bürgerlichen Recht können nur gewisse Verfügungen von Todes wegen, nämlich Erbeinsetzungen, Vermächtnisse und Auflagen durch Vertrag vorgenommen werden (§ 2278). Ein solcher Vertrag heißt Erbvertrag, welcher Ausdruck freilich insofern ungenau ist, als er nur auf den Erbeinsetzungsvertrag paßt. Von diesem Erbvertrag sind natürlich die unzulässigen Verträge über den Nachlaß eines noch lebenden Dritten oder über den Pflichtteil oder ein Vermächtnis aus einem solchen Nachlaß zu unterscheiden. Denn beim Erbvertrag ist der in Frage kommende Erblasser selbst Partei, während er es in den genannten Fällen nicht ist. Und immer ist der Erbvertrag Verfügung von Todes wegen; er hat keinen schuldrechtlichen Inhalt, während die Verträge, die gegen den § 312 verstoßen, Rechtsgeschäfte unter Lebenden sind, die eine Verpflichtung zur Leistung zum Inhalt haben. Zwar ist gelegentlich die Meinung vertreten worden, auch der Erbvertrag erzeuge eine obligatorische Bindung des Erblassers. Aber diese Auffassung wird seinem Wesen nicht gerecht. Der Erblasser wird durch seinen Erbvertrag keineswegs bloß verpflichtet, ihm widersprechende Verfügungen von Todes wegen zu unterlassen, sondern ihm wird die Fähigkeit, zu testieren, soweit der Inhalt des Vertrages reicht, entzogen. Insofern hat er eine gewisse Ähnlichkeit mit den Verfügungsgeschäften unter Lebenden. Aber wegen dieses Verfügungscharakters darf man ihn doch nicht ein abstraktes Rechtsgeschäft nennen — wie Verfügungen unter Lebenden abstrakte Rechtsgeschäfte sind —; denn er setzt durchaus nicht wie diese ein Kausalgeschäft als seine Grundlage voraus. Ebensowenig ist er ein gegenseitiger Vertrag im Sinn des Obligationenrechts — wenn auch die Unentgeltlichkeit nicht zu seinen begrifflichen Merkmalen gehört —, weil er eben überhaupt kein Schuldvertrag ist.

III. Geschlossen wird der Erbvertrag zwischen dem Erblasser und einem Dritten, der die Willenserklärung des Erblassers annimmt und dadurch den Erblasser an sie bindet. Es kann aber auch ein zweiseitiger Erbvertrag geschlossen werden, in dem jede Vertragspartei Verfügungen von Todes wegen trifft (§§ 2278 I, 2298). Indes ist dies für den Begriff des Erbvertrages ebenso unwesentlich, wie daß die darin vereinbarten Verfügungen gerade zugunsten des anderen Vertragsteils getroffen sind; vielmehr ist der Erbvertrag auch als einseitiger Vertrag und als Vertrag zugunsten eines Dritten möglich. Aber im letzteren Fall unterscheidet er sich sehr wesentlich von einem solchen Vertrag unter Lebenden. Denn bei diesem handelt es sich immer um eine Leistung an den Dritten, wovon hier keine Rede sein kann, weshalb auch die Vorschriften der §§ 328ff. hier nicht zur Anwendung kommen können. Vielmehr erhält der Dritte hier mit dem Erbfall ein Erbrecht oder einen Vermächtnisanspruch gegen den Erben, und ist bis zu diesem Zeitpunkt seine Rechtsstellung der eines anderen Erben oder Vermächtnisnehmers bei Lebzeiten des Erblassers analog. Er hat m. a. W. eine bloße Anwartschaft, die dadurch hinfällig werden kann, daß der Erbvertrag unter den Parteien wieder aufgehoben wird. Übrigens brauchen nicht alle Verfügungen, die in einem Erbvertrag zugunsten eines Dritten getroffen sind, als vertragliche aufgefaßt zu werden; es sind ja auch letztwillige Verfügungen in einem solchen Vertrag möglich. Ob daher die Verfügung zugunsten des Dritten zum Vertragsinhalt des Erbvertrags gehörte und ob deshalb die Aufhebung des Erbvertrags erforderlich sei, um sie außer Kraft zu setzen, ist eine Auslegungsfrage; ist sie zu verneinen, so genügt zu ihrer Aufhebung der bloße Widerruf.

IV. Wie die Errichtung des Testaments, so ist auch die des Erbvertrags eine höchst persönliche Angelegenheit des Erblassers (§ 2274), so daß die Mitwirkung eines gesetzlichen oder bevollmächtigten Vertreters ausgeschlossen ist. Dafür bedarf der Testator der vollen Geschäftsfähigkeit (nicht der Testierfähigkeit [§ 2275]). Eine Ausnahme von dieser Regel macht das Gesetz nur für den Fall, daß der Vertrag unter Ehegatten oder Verlobten geschlossen wird. Hier kann nämlich der Erblasser in der Geschäftsfähigkeit beschränkt sein; nur bedarf er dann der Zustimmung seines gesetzlichen Vertreters, und wenn dies ein Vormund ist, auch des Vormundschaftsgerichts (§ 2275 II). Dagegen muß die andere Vertragspartei den Erbvertrag nicht persönlich schließen, und sie kann daher auch in der Geschäftsfähigkeit beschränkt, ja gänzlich geschäftsunfähig sein. Im letzteren Fall muß natürlich an ihrer Stelle der gesetzliche Vertreter handeln, im ersteren dagegen bedarf sie der Mitwirkung dieses Vertreters nicht, da sie dadurch, daß der Erblasser an seine Verfügung gebunden wird, keinen rechtlichen Nachteil erleidet.

V. Einer Form bedurfte der Erbvertrag nach gemeinem Rechte nicht; man wendete in Ermangelung positiver Vorschriften das Prinzip der Formlosigkeit der Verträge auch auf diesen Fall an und gelangte so zu dem merkwürdigen Ergebnis, daß der Testator eine schwer zu erfüllende Form beobachten mußte, um eine widerrufliche Verfügung zu errichten, dagegen keine Form, wenn er dauernd an seine Verfügung gebunden sein sollte. Indessen hatte diese Behandlung des Erbvertrags doch wohl den Sinn, daß durch die Mitwirkung einer zweiten Partei bei diesem Geschäfte dieselben Zwecke erreicht werden konnten, wie bei dem sonst ganz heimlichen, weil einseitigen Testament durch die Formvorschriften, was freilich nur zum Teil zutrifft, da der Vertragsgegner meist an dem Vertragsinhalt sehr lebhaft interessiert sein wird. Das BGB. hat daher mit Recht das gemeinrechtliche Prinzip verlassen, indem es einen Formzwang eingeführt hat (§ 2276).

Vor allem kann der Erbvertrag ausnahmslos nur bei gleichzeitiger Anwesenheit beider Teile, oder, soweit dies nach dem Gesagten zulässig ist, ihrer Vertreter vor Gericht oder einem Notar geschlossen werden. Auf diesen öffentlichen Urkundsakt finden aber außerdem auch die für die Errichtung eines öffentlichen Testamentes geltenden Vorschriften Anwendung, wobei, was in ihnen vom Erblasser gesagt ist, hier für jeden Vertragsteil gilt. Für einen Erbvertrag unter Ehegatten oder Verlobten, der mit einem Ehevertrag in derselben Urkunde verbunden ist, genügt jedoch die Form des Ehevertrags; d. h. die Beobachtung der für die Aufnahme des Testaments vorgeschriebenen Formen ist hier nicht erforderlich. Die Bedeutung dieses Nachlasses an Formalitäten wird jedoch dadurch wieder abgeschwächt, daß die Formvorschriften des Gesetzes über die Freiwillige Gerichtsbarkeit für die Errichtung des Erbvertrages im wesentlichen die über die Errichtung des öffentlichen Testamentes wiedergeben.

VI. Neben den vertraglichen Verfügungen, an die sich der Erblasser bindet, können im Erbvertrag, d. h. in der Vertragsurkunde, von jedem Vertragsteil, also auch vom Gegenkontrahenten des Erblassers, einseitige und letzwillige Verfügungen getroffen werden (§ 2299). Dies läuft darauf hinaus, daß die Parteien, wenn sie nur überhaupt einen Erbvertrag über irgendeinen Gegenstand schließen, auch wenn sie nicht Ehegatten sind, doch gemeinschaftlich letztwillig verfügen, also ein gemeinschaftliches Testament errichten können.[1])

§ 11. Rechtliche Natur und Rechtsfolgen.

Die vertraglichen Verfügungen von Todes wegen unterstehen, abgesehen davon, daß sie nicht widerruflich sind, soweit das Gesetz nichts anderes bestimmt, den Vorschriften über letztwillige Verfügungen (§ 2279). Eine Besonderheit gilt in bezug auf die Anfechtung des Erbvertrages: während nämlich das Testament vom Erblasser selbst nicht angefochten werden kann, weil es frei widerrufen werden kann, verhält es sich mit dem Erbvertrag anders, weil dieser den Erblasser schon zu seinen Lebzeiten bindet. Der Erbvertrag muß deshalb anfechtbar sein. Und zwar zunächst für den Erblasser; andere Personen können den Erbvertrag nur dann anfechten, wenn der Erblasser bis zum Augenblick des Todes das Anfechtungsrecht noch nicht verloren hatte (§§ 2281, 2285).[2])

Der Erbvertrag ist, wie bereits erörtert wurde, weder ein obligatorischer noch ein dinglicher Vertrag noch ein Testament mit Widerrufsverzicht, sondern ein einheitliches Rechtsgeschäft von Todes wegen. Sehen wir von der durch den Vertrag bedingten Bindung des Erblassers ab, so haben die vertraglichen Verfügungen, nämlich Erbeinsetzungen, Vermächtnisse und Auflagen denselben rechtlichen Charakter, als wenn sie durch letztwilliges Geschäft errichtet wären. Aus diesem rein erbrechtlichen Charakter des Erbvertrags ergibt sich vor allem, daß die Bindung des Erblassers auch nur erbrechtliche Bedeutung hat; daß der Erblasser weder verpflichtet ist, Verfügungen, die mit dem Erbvertrag im Widerspruch stehen, zu unterlassen, noch daß er durch ihn in der Verfügung über sein Vermögen unter Lebenden beschränkt ist (§ 2286). Doch macht das Gesetz hiervon zwei Ausnahmen: Wenn der Erblasser eine Schenkung gemacht hat, um den Vertragserben zu benachteiligen, so ist dieser nach dem Anfall der Erbschaft berechtigt, von dem Beschenkten die Herausgabe des Geschenkes nach den Vorschriften über die Herausgabe einer ungerechtfertigten Bereicherung zu verlangen, und in ähnlicher Weise kommt das Gesetz dem Vertragsvermächtnisnehmer im Fall einer vom Erblasser beabsichtigten Benachteiligung zu Hilfe (§§ 2287, 2288).

Daß der Erbvertrag ein einheitliches Rechtsgeschäft und nicht aus einem Testament und einem Widerrufsverzichtsvertrag zusammengesetzt ist, zeigt sich praktisch bedeutsam: Wäre der Erbvertrag dieses zusammengesetzte Geschäft, so wäre es ausgeschlossen, daß ein testierunfähiger Erblasser einen Erbvertrag schlösse; denn er könnte das im Erbvertrag enthaltene Testament nicht errichten. Daraus, daß nach unserm BGB. ein testierunfähiger Ehegatte einen Erbvertrag schließen kann, ergibt sich, daß im Gesetz eine andere Auffassung vom Wesen des Erbvertrags durchgeführt ist. Ein weiteres Argument gegen jene Lehre ergibt sich aus der Behandlung der Anfechtbarkeit des Erbvertrags. Eine letztwillige Verfügung kann ja vom Erblasser selbst nicht angefochten werden. Daher könnte sich die im Gesetz zugelassene Anfechtung des Erbvertrags immer nur auf den Teil dieses Rechtsgeschäftes beziehen, der Vertrag ist, d. h. auf den Widerrufsverzicht; nach seiner Anfechtung bliebe immer noch das Testament bestehen, das erst noch durch Widerruf beseitigt werden müßte. Obwohl also der Erbvertrag einheitlich und darin keine letztwillige Verfügung enthalten ist, besteht doch insofern ein enger Zusammenhang zwischen dem Erbvertrag und der letzwilligen Verfügung, als auch die letztere jedenfalls eine Verfügung von Todes wegen ist, die nur weniger kräftig ist als der Erbvertrag. Daher

---

[1]) Über Verschluß und amtliche Verwahrung des Erbvertrags vgl. § 2277.

[2]) Die Anfechtungsgründe sind im allgemeinen dieselben wie bei letztwilligen Verfügungen. Vgl. die §§ 2078 u. 2079; eine Besonderheit gilt nach § 2281 I. Über die Anfechtung im nähern die §§ 2282—85.

wird man mit Strohal annehmen können, daß eine vertragliche Verfügung, die als solche unwirksam ist oder geworden ist, als letztwillige aufrechterhalten werden kann, sofern nämlich anzunehmen ist, daß sie als solche vom Erblasser errichtet worden wäre, wenn er den Grund der Unwirksamkeit des Erbvertrags gekannt hätte. Aber noch nach anderer Richtung ist diese Verwandtschaft des Erbvertrags mit dem Testamente von Bedeutung. Wie das letztere eine ältere letztwillige Verfügung aufhebt, soweit sie mit dieser nicht vereinbar ist, so muß es sich auch beim Erbvertrag verhalten. Aber das Gesetz geht darüber hinaus, indem es den Erbvertrag eine frühere letztwillige Verfügung insoweit aufheben läßt, als dieser „das Recht des Vertragserben beeinträchtigt" (§ 2289). Die testamentarische Errichtung eines Vermächtnisses wird also durch die spätere Errichtung eines Erbvertrags hinfällig, obwohl an sich Vermächtnis und Erbeinsetzung als Rechtsgeschäfte von verschiedener Bedeutung nicht miteinander in Widerspruch stehen und vor allem ein in einem früheren Testamente errichtetes Vermächtnis durch eine spätere testamentarische Erbeinsetzung nicht berührt wird. Diese Besonderheit des Erbvertrags hängt damit zusammen, daß für den Inhalt des Geschäftes nicht die Meinung nur der einen Vertragspartei maßgebend sein kann; daß sich vielmehr der Vertragserbe darauf muß verlassen können, daß ihm die Erbschaft so werde hinterlassen werden, wie es dem Vertragsinhalt selbst entspricht, während es natürlich beim Testament als einem einseitigen Rechtsgeschäft ganz ausschließlich auf den Willen des Erblassers ankommen kann. Für die Auslegung eines späteren Testamentes kann daher ein früheres Testament desselben Erblassers sehr wohl herangezogen werden; die Auslegung des Erbvertrags dagegen hat nur danach zu fragen, was der Vertragserbe als Inhalt der Willenserklärung des Erblassers nach objektiven Gesichtspunkten ansehen muß. Hiernach bestimmt sich das „Recht" des Vertragserben und hiernach beantwortet sich daher auch die Frage, ob eine ältere Verfügung es „benachteiligt". — Eine Besonderheit gilt für den Fall, daß dem Erbvertrag ein bisher noch nicht widerrufenes gemeinschaftliches und korrespektives Testament vorangegangen ist. Dieses wird durch den Erbvertrag nur dann aufgehoben, wenn der Vertrag unter denselben Personen abgeschlossen worden ist, die das Testament errichtet hatten. Andernfalls setzt die Aufhebung des gemeinschaftlichen Testamentes durch den Erbvertrag die Zustimmung des andren Ehegatten voraus (§ 2271 I).

§ 12. Aufhebung des Erbvertrags.

Die durch den Erbvertrag eingetretene Bindung des Erblassers an seine Verfügung äußert sich darin, daß er sie nicht einseitig aufheben, sowie daß er keine weiteren Verfügungen von Todes wegen treffen kann, die das Recht des Vertragserben beeinträchtigen würden. Dagegen ist er natürlich an die nur im Erbvertrag getroffenen letzwilligen Verfügungen nicht gebunden, sondern kann sie ebenso einseitig widerrufen, als ob sie in einem Testamente stünden (§ 2299 II). Wird jedoch der Erbvertrag in der zulässigen Weise aufgehoben, so treten im Zweifel auch diese Verfügungen außer Kraft (§ 2299 III). Die Bindung an den Erbvertrag ist nämlich nicht unwiderruflich; vielmehr gilt folgendes: Durch den Erbvertrag errichtete Vermächtnisse und Auflagen kann der Erblasser durch Testament aufheben, wenn der andere Teil zustimmt (§ 2291); die Zustimmung ist eine an den Vertragserblasser zu richtende, gerichtlich oder notariell zu beglaubigende Willenserklärung, die der testamentarischen Aufhebung des Vermächtnisses auch nachfolgen kann. Ferner kann ein zwischen Ehegatten geschlossener Erbvertrag auch durch gemeinschaftliches Testament derselben Ehegatten aufgehoben werden (§ 2292). Abgesehen davon ist die Aufhebung des Vertrags, auch wenn er zugunsten eines Dritten geschlossen worden ist, nur durch einen Vertrag möglich, der derselben Form bedarf wie der Erbvertrag und unter denselben Personen geschlossen werden muß, die den Erbvertrag geschlossen haben (§ 2290). Daher ist die Aufhebung des Erbvertrags unmöglich, wenn eine der Vertragsparteien gestorben ist. — Von dieser Aufhebung des Erbvertrags durch Vertrag (contrarius consensus) ist der Erbverzicht des Vertragserben zu unterscheiden. Ein solcher Verzicht ist dem gesetzlichen wie auch dem Testamentserben gestattet und wäre an sich auch beim Vertragserben denkbar. Indessen gestattet das Gesetz nur dem durch den Erbvertrag zur Erbschaft berufenen Dritten, durch Vertrag mit dem Erblasser auf die ihm gemachte Zuwendung zu verzichten; der Erbe, der Partei des Erbvertrags gewesen ist, ist auf die vertragliche Aufhebung des Erbvertrags beschränkt. Dies ist sachgemäß, da sonst die strengeren Vorschriften, die für die Aufhebung des Erbvertrags gelten, hinfällig würden. Handelt es sich um einen Erbvertrag zugunsten eines Dritten, so können also die Vertragsparteien den Vertrag in den für den Erbvertrag selbst geltenden Formen aufheben, und zwar ohne daß dieser Vertrag der Zustimmung des Dritten bedarf; es kann aber auch der Dritte durch Vertrag mit dem Erblasser auf sein Erbrecht verzichten, wozu nur gerichtliche oder notarielle Beurkundung erforderlich ist.

Das Gesetz kennt endlich auch einen Rücktritt des Erblassers vom Erbvertrag. Dieser ist natürlich nicht der Willkür des Erblassers anheimgestellt, was der Bindung an den Vertrag widersprechen würde, sondern nur unter besonderen Voraussetzungen zulässig. Nämlich: wenn ihn sich der Erblasser im Vertrag — und natürlich für bestimmte Fälle— vorbehalten hat; wenn sich der Bedachte einer Verfehlung schuldig gemacht hat, die den Erblasser zur Entziehung des Pflichtteils berechtigt oder berechtigen würde, wenn der Vertragserbe ein Abkömmling des Erblassers wäre; endlich, wenn die vertragliche Verfügung mit Rücksicht auf eine gegenüber dem Erblasser übernommene Verpflichtung zu lebenslänglich wiederkehrenden Leistungen, insbesondere von Unterhalt, errichtet und diese Verpflichtung vorzeitig aufgehoben worden ist (§§ 2293ff.)[1]. In diesen Fällen erfolgt der Rücktritt, wie auch sonst, durch eine der gerichtlichen oder notariellen Beurkundung bedürfende adressierte Willenserklärung (§ 2296).

§ 13. Der gegenseitige Erbvertrag.

Entsprechend der beim Testament gebräuchlichen Terminologie kann man von gemeinschaftlichen Erbverträgen dann reden, wenn die beiden Vertragsteile in dem einheitlichen Vertrage als Erblasser Verfügungen von Todes wegen errichtet haben. Ein solcher Vertrag ist nicht an besondere Voraussetzungen gebunden; vor allem ist nicht erforderlich, daß die Vertragschließenden Ehegatten sind. Er ist ein gegenseitiger Vertrag, wenn sich darin die Parteien gegenseitig mit Zuwendungen von Todes wegen bedenken, und dieser Vertrag ist korrespektiv, sofern die Parteien die Wirksamkeit ihrer Verfügungen in gegenseitige Abhängigkeit gebracht haben. Aber das Gesetz erkennt diesen Geltungszusammenhang nicht nur, wie beim Testament, an, wenn sich die Vertragsparteien gegenseitig bedenken (testamentum reciprocum), sondern immer schon dann, wenn überhaupt die beiden Parteien in dem Vertrag Verfügungen getroffen haben, sofern sich nicht durch Auslegung ein anderer Wille der Vertragschließenden ermitteln läßt. Diese Abweichung vom gemeinschaftlichen Testament ist darin begründet, daß schon durch die Vertraglichkeit der Verfügungen eine gewisse Gegenseitigkeit begründet wird: mag die Verfügung des einen Teils auch irgendeinem Dritten zugute kommen, der andere wird die seinige doch eben im Zusammenhang mit jener getroffen und sich mit Rücksicht auf ihren Bestand an seine Verfügung gebunden haben. Es wird also in der Tat regelmäßig der Absicht der Parteien entsprechen, daß die beiderseitigen Verfügungen in ein Verhältnis funktio-

[1] Der Rücktritt steht hier m. E. unter dem Gesichtspunkt der fehlenden „Geschäftsgrundlage". Vgl. OERTMANN, Die Geschäftsgrundlage 1921.

neller Abhängigkeit treten. Dem trägt das Gesetz Rechnung, indem es bestimmt, daß in solchem Fall die Nichtigkeit der einen Verfügung die Unwirksamkeit der anderen („des ganzen Vertrages“) zur Folge hat (§ 2298 I). Macht ferner der eine Teil von dem ihm vorbehaltenen Rücktrittsrecht Gebrauch, so wird dadurch gleichfalls der ganze Vertrag aufgehoben. Dieses Rücktrittsrecht erlischt jedoch beim gegenseitigen Erbvertrag durch den Tod der anderen Vertragspartei; indessen kann der Überlebende seine vertragliche Verfügung dann durch Testament aufheben, wenn er das ihm durch den Vertrag ihm Zugewendete ausschlägt (§ 2298 II).[1])

Drittes Kapitel.

Eröffnung der Verfügungen von Todes wegen.

§ 14.

Die außerordentliche Tragweite der Verfügungen von Todes wegen und ihre Eigentümlichkeit, erst nach dem Tode des Verfügenden wirksam zu werden, machen die amtliche Veröffentlichung und Verkündung dieser Verfügungen erforderlich. Deshalb nötigte schon das römische Recht die Hinterbliebenen unter Androhung schwerer Strafen, Testamente zum Zweck der amtlichen Eröffnung und Bekanntgabe an die Behörde abzuliefern. Im gemeinen Recht sind diese Strafen zwar abgekommen; dafür hat sich aber die Gewohnheit herausgebildet, die amtlich errichteten und verwahrten Testamente auch stets amtlich zu eröffnen. Das Allgemeine Landrecht schrieb die gerichtliche Eröffnung aller letztwilligen Verfügungen vor.

Auch nach dem Recht des BGB. sind Verfügungen von Todes wegen, also Testamente wie Erbverträge, nach dem Tode des Erblassers alsbald amtlich zu eröffnen (§§ 2259 ff.). Eine entgegenstehende Vorschrift des Erblassers ist nichtig (§ 2263). Zur Eröffnung ist regelmäßig das Nachlaßgericht zuständig. Bei gemeinschaftlichen Testamenten und Erbverträgen sind die Verfügungen des überlebenden Teils, soweit sie sich absondern lassen, nicht zu verkündigen oder sonst zur Kenntnis der Beteiligten zu bringen. (§§ 2273, 2300). Nach der Eröffnung der Verfügung von Todes wegen, die in Gegenwart der Nachlaßbeteiligten erfolgen soll, hat das Nachlaßgericht die im Eröffnungstermin nicht zugezogenen Nachlaßbeteiligten von dem sie betreffenden Inhalt der Verfügung in Kenntnis zu setzen und außerdem jedem, der ein rechtliches Interesse glaubhaft macht, Einsicht- und Abschriftnahme zu gestatten (§§ 2262—2264).

III. Erbfolge.

Erstes Kapitel.

Die Berufungsgründe.

§ 15. Die Berufungsgründe im allgemeinen.

Die Erbfolge einer Person in den Nachlaß eines Verstorbenen setzt außer der Erbfähigkeit der ersteren und dem Erbfall voraus, daß jene zur Erbschaft berufen ist. Es muß für sie ein „Berufungsgrund“ vorliegen. Den Begriff des Berufungsgrundes haben wir bereits erläutert; es ist aber noch die Lehre von den einzelnen Berufungsgründen vorzutragen.

[1]) Über § 2298 III vgl. den Kommentar von Leonhard, S. 462, N. 5 und Kipp, Erbrecht, S. 122, N. 5.

§ 16. Die gesetzliche Erbfolge.

Wenn wir von gesetzlicher Erbfolge sprechen, so hat dies die rein negative Bedeutung einer nicht auf dem Willen des Erblassers beruhenden Erbfolge. Sie steht im Range auch noch im heutigen Recht zurück hinter der „gewillkürten Erbfolge", mag diese nun auf Testament oder auf Erbvertrag beruhen, und tritt daher nur ein: wenn es an einer wirksamen Verfügung von Todes wegen überhaupt fehlt oder diese nachträglich ihre Wirksamkeit verliert (an Stelle der Erbfolge von Todes wegen); oder neben der letzteren, soweit der Erblasser nicht selbst über seinen Nachlaß verfügt hat; oder vor der gewillkürten Erbfolge, wenn nämlich der durch Verfügung von Todes wegen berufene Erbe die Erbschaft erst nach dem Eintritt eines bestimmten Ereignisses oder Zeitpunkts haben soll (hier wird der gesetzliche Erbe Vor-, der eingesetzte Erbe Nacherbe), oder endlich nach der gewillkürten Erbfolge, wenn der eingesetzte Erbe die Erbschaft nur auf eine gewisse Zeit oder bis zum Eintritt eines bestimmten Ereignisses oder einer auflösenden Bedingung haben soll (so daß der gesetzliche Erbe Nacherbe, der Testaments- oder Vertragserbe Vorerbe wird).

Die Frage, wer der gesetzliche Erbe eines bestimmten Erblassers wird, beantwortet sich grundsätzlich nach dem Zeitpunkt des Erbfalles, und zwar, im Gegensatz zum römischen Recht, selbst dann, wenn es sich erst einige Zeit nach diesem entscheidet, daß es zur Testaments- oder Vertragserbfolge nicht kommt oder der zunächst berufene gesetzliche Erbe die Erbschaft nicht endgültig erwirbt. In diesen Fällen ist also für diese Frage nicht etwa der Zeitpunkt maßgebend, in dem feststeht, daß es zur gewillkürten Erbfolge nicht kommt oder die Berufung des nächsten gesetzlichen Erben erfolglos ist, sondern ist der Zeitpunkt des Erbfalls maßgebend, mag der nunmehr Berufene auch inzwischen gestorben sein; die Sache wird dann ebenso behandelt, als ob er die Erbschaft im Augenblick des Erbfalls erworben und mit dem Rechte der Ausschlagung auf seine Erben transmittiert hätte. Trotzdem kann man nicht sagen, daß der nunmehrige Erbe schon zur Zeit des Erbfalls berufen war. Vielmehr kann er nach dem Begriff der Berufung damals nicht berufen gewesen sein; es handelt sich in Wahrheit darum, daß an den Tatbestand seiner nunmehr erst erfolgten Berufung dieselbe Rechtsfolge geknüpft wird, wie wenn er schon zur Zeit des Erbfalls berufen gewesen wäre, also um eine juristische Fiktion, die wie jede andere der Auflösung bedarf und die durchaus keine Schwierigkeit bietet, sobald wir uns darüber klar sind, daß Rechtsfolgen von Tatbeständen keine Rechtswirkungen von Ursachen sind. — Eine abweichende Behandlung tritt bei der Nacherbfolge ein.

Gesetzliche Erben sind nach BGB.: die Verwandten des Erblassers in bestimmter, später zu erörternder Reihenfolge; neben diesen und in gewissen Fällen sogar vor ihnen der überlebende Ehegatte und schließlich in letzter Linie der Fiskus.[1])

I. Im näheren gilt von der Erbfolge der Verwandten folgendes (wobei der Begriff der Verwandtschaft als an anderer Stelle erörtert vorausgesetzt werden muß): Das BGB. hat an Stelle der gemeinrechtlichen Gradualordnung, nach welcher der dem Grade nach nähere Verwandte grundsätzlich den entfernteren Verwandten ausschloß, die deutschrechtliche Lineal-Gradualordnung durchgeführt, bei der in erster Linie nicht die Nähe der Verwandtschaft des Erben mit dem Erblasser, sondern die nähere Verwandtschaft seines Hauses mit dem Erblasser maßgebend ist (sog. Parentelenordnung), so daß diejenigen Verwandten vor anderen vielleicht dem Grade nach näheren Verwandten zur Erbschaft berufen sind, die mit dem Erblasser den näheren Ahnen gemeinsam haben. Gewiß läßt sich diese Regelung der Intestaterbfolge mit der Erwägung rechtfertigen, daß bei ihr die Stärke des Verwandtschaftsgefühls für die Reihenfolge der Berufung maßgebend ist; aber im Grunde macht sich die Be-

---

[1]) Und zwar der Fiskus des Bundesstaates, dem der Erblasser angehörte, eventuell der Reichsfiskus, § 1936. Vgl. im näheren Kipp, Erbrecht, § 6. Über das Erbrecht anderer öffentlich-rechtlicher Korporationen, Anstalten und Stiftungen vgl. EG. Art. 138, 139.

sonderheit des Parentelensystems im Vergleich mit der römischen Gradualordnung erst in den späteren Ordnungen geltend, bei denen es schon bisher fraglich war und heutzutage in erhöhtem Maße fraglich geworden ist, ob für den Gesetzgeber irgendeine Veranlassung besteht, überhaupt ein gesetzliches Erbrecht anzuerkennen. Häufig ist hier das Gefühl der verwandtschaftlichen Zusammengehörigkeit gar nicht oder nur gering entwickelt; häufig nur einseitig, auf der Erwartung der künftigen Erbschaft beruhend. Und wenn es beim Erblasser gegenüber diesen Seitenverwandten vorhanden ist, so kann er ihm durch Erbeinsetzung Ausdruck geben, so daß der Gesetzgeber ihm nicht zu Hilfe zu kommen braucht. — Die erste dieser Ordnungen oder Parentelen besteht aus den Abkömmlingen des Erblassers, die zweite aus den Eltern des Erblassers und deren Abkömmlingen, die dritte aus den Großeltern und deren Abkömmlingen usf., wobei die Zahl der zur Erbschaft berufenen Ordnungen unbeschränkt ist. Aber eine spätere Parentel wird nur dann zur Erbfolge berufen, wenn Verwandte einer früheren Ordnung nicht zur Erbschaft gelangen; es gilt also insofern auch heute noch die successio ordinum et graduum (§ 1930).

1. In der ersten Ordnung sind die Abkömmlinge des Erblassers ohne Rücksicht auf Gradesnähe berufen; es erben also Enkel neben Söhnen (§ 1924). Aber freilich wird der entferntere Abkömmling durch den näheren, der seine Verwandtschaft mit dem Erblasser vermittelt, ausgeschlossen. Die hiernach berufenen Personen teilen den Nachlaß unter sich in verschiedener Weise: Sind nur Kinder vorhanden, so teilen sie nach Köpfen, sind neben Kindern Abkömmlinge entfernteren Grades von vorverstorbenen Eltern vorhanden, so tritt Teilung nach Stämmen ein. Nach dem Wortlaut des Gesetzes scheinen solche entfernteren Abkömmlinge nur dann in Betracht zu kommen, wenn der zwischen ihnen und dem Erblasser stehende nähere Abkömmling vorverstorben ist, nicht dagegen, wenn er lebt, aber aus anderen Gründen nicht zur Erbschaft gelangt. Aber die Ausdrucksweise des Gesetzes wird berichtigt durch die Vorschrift, daß ein Erbe der die Erbschaft ausgeschlagen oder auf sie verzichtet hat, oder dem sie wegen Erbunwürdigkeit wieder verloren gegangen ist, so zu behandeln ist, als wenn er den Erbfall nicht erlebt hätte (§§ 1953, 2344, 1946) und dasselbe muß angenommen werden, wenn ihn der Erblasser von der Erbschaft ausgeschlossen hat. So sind also entferntere Abkömmlinge immer dann neben näheren als zur Erbschaft berufen anzusehen, wenn der Abkömmling, der ihre Verwandtschaft mit dem Erblasser vermittelt, aus irgendeinem Grunde nicht zur Erbschaft gelangt[1]).

2. Die zweite Ordnung bilden die Eltern des Erblassers und deren Abkömmlinge, seien es gemeinschaftliche oder einseitige, vorausgesetzt natürlich, daß letztere gerade mit dem Erblasser verwandt und infolgedessen ihm gegenüber erbberechtigt sind.[2]) Die in dieser Ordnung Berufenen teilen den Nachlaß unter sich in folgender Weise: Erben Eltern allein, so teilen sie nach Köpfen; ist ein Elternteil neben Abkömmlingen des anderen berufen, so erhalten die letzteren den Teil, der auf den weggefallenen Elternteil entfallen würde, wenn er zur Erbschaft gekommen wäre.[3]) Sind endlich beide Eltern vorweg gestorben, so fällt die eine Hälfte des Nachlasses an die Vater-, die andere an die Mutterseite nach den für die erste Ordnung geltenden Grundsätzen. Auch wenn nur Geschwisterkinder erben, so tritt nicht wie im römischen Recht Teilung nach Köpfen, sondern nach Stämmen ein (§ 1925).

---

[1]) Soweit hienach entferntere Abkömmlinge berufen sind, erben sie kraft eigenen Rechtes, nicht aus dem Erbrecht des weggefallenen Abkömmlings und mithin ohne Rücksicht darauf, ob sie den Weggefallenen selbst beerbt haben. Der von der älteren gemeinrechtlichen Lehre aufgestellte Begriff des Repräsentationsrechtes ist dem BGB. fremd.

[2]) Nicht berufen sind also angenommene und legitimierte Kinder der Eltern des Erblassers.

[3]) Es besteht also, wie man sagt, kein „Schoßfallsrecht". Der Ausdruck hängt damit zusammen, daß das deutsche Recht Aszedenz und Deszedenz als Schoß und Busen unterscheidet, wobei es aber, wie das BGB., in der Regel den Busen dem Schoß vorgehen läßt.

3. Erben der dritten Ordnung sind die Großeltern des Erblassers und deren Abkömmlinge, und zwar sind in dem seltenen Fall, daß die beiden Großelternpaare noch leben, die Abkömmlinge überhaupt ausgeschlossen. Ist dagegen ein Großvater oder eine Großmutter verstorben, so sind seine Abkömmlinge neben dem überlebenden Teil dieses Großelternpaares berufen; sind solche nicht vorhanden, so erbt nur der andere Großelternteil, und wenn auch dieser verstorben ist, erben dessen Abkömmlinge. Ist das eine Großelternpaar verstorben und hat es keine Abkömmlinge hinterlassen, so ist das andere Großelternpaar oder dessen Abkömmlinge allein zur Erbschaft berufen. Die Verteilung des Nachlasses erfolgt in verschiedener Weise. Erben die vier Großeltern, so teilen sie nach Köpfen. Andernfalls tritt dieselbe Behandlung wie in der zweiten Ordnung ein, einerlei ob Abkömmlinge vorhanden sind oder nicht. Der Nachlaß wird also in zwei Linien- und vier Stammteile zerlegt, wobei jedes Großelternpaar mit seinen Abkömmlingen eine Linie bildet und jede Linie so behandelt wird wie die zweite Parentel. Die Abkömmlinge aber in jeder Linie erben ebenso wie die Abkömmlinge in der ersten Parentel (§ 1926).[1])

4. In der vierten Ordnung sind die Urgroßeltern des Erblassers und deren Abkömmlinge berufen. Die Berufung in dieser Ordnung ist aber anders geregelt als in der vorhergehenden, insofern nämlich Abkömmlinge überhaupt ausgeschlossen sind, sofern noch ein Urgroßelternteil vorhanden ist. Ist dies nicht der Fall, so entscheidet unter ihnen die Gradesnähe. Die Verteilung des Nachlasses erfolgt unter Urgroßeltern ebenso wie unter Abkömmlingen von solchen nach Köpfen (§ 1928).

5. In derselben Weise werden noch entferntere Parentelen behandelt; es ist dazu zu bemerken, daß das BGB. eine Grenze überhaupt nicht zieht (§ 1929).

II. Abweichend vom römischen Recht, aber übereinstimmend mit manchen deutschen Partikularrechten gibt das BGB. dem überlebenden Ehegatten auch beim Vorhandensein naher Verwandter und selbst von Abkömmlingen des Erblassers ein gesetzliches Erbrecht, sofern die Ehe bis zum Tod des Erblassers bestanden hat.[2]) Und zwar wächst der Umfang der Erbberechtigung des Ehegatten, je entfernter die Verwandtschaft seiner Konkurrenten mit dem Erblasser ist. Daher ist er neben Verwandten der ersten Ordnung zu einem Viertel, neben solchen der zweiten Ordnung zur Hälfte des Nachlasses berufen, während er neben den zur dritten Ordnung gehörenden Großeltern die Hälfte der Erbschaft erhält. Treffen aber mit Großeltern auch Abkömmlinge von Großeltern zusammen, so erhält der überlebende Ehegatte auch noch von der anderen Hälfte den Teil, der auf diese Abkömmlinge entfallen würde, so daß er zwar nicht den Großeltern, wohl aber deren Abkömmlingen schlechthin vorgeht. Überdies gebührt ihm, wenn er neben Verwandten der zweiten oder dritten Ordnung berufen ist, außer diesem Erbteil auch noch ein nach Vermächtnisrecht zu behandelnder Voraus, nämlich die zum ehelichen Haushalt des Verstorbenen gehörenden Gegenstände und die Hochzeitsgeschenke. Andere als die genannten Verwandten des Erblassers verdrängt der überlebende Ehegatte überhaupt (§ 1931 ff.).

III. Als gesetzlicher Erbe kommt schließlich noch der Fiskus in Betracht (§ 1936). Das BGB. hat damit den Standpunkt des römischen Rechts verlassen, nach dem an den Fiskus zwar die erblosen Nachlässe fielen, aber dem Fiskus nicht

[1]) In diesen drei Ordnungen ist der Gedanke der Stammeinheit unbeschränkt durchgeführt. Das äußert sich vor allem darin, daß die Abkömmlinge des vorverstorbenen Elternteils mit dem überlebenden Teil konkurrieren, so daß nur „bedingtes Schoßfallrecht" gilt. Es gilt aber auch für die Seitenlinien: Innerhalb der einzelnen Stämme erhalten die zu diesem Stamm gehörenden immer den Teil, der auf den weggefallenen Stammvater gefallen wäre, wenn er Erbe geworden wäre. Trotzdem wäre es verfehlt, von einem Repräsentationsrecht der Abkömmlinge zu reden: Sie erben aus eigenem Recht, und vor allem gilt nicht der Satz: vivi nulla repraesentatio, wie sich aus den §§ 1953, 2344 ergibt.

[2]) In zwei Fällen ist das Erbrecht des Ehegatten sogar beim Vorliegen dieser Voraussetzung ausgeschlossen, §§ 1575ff, 1933.

ein eigentliches Erbrecht, sondern nur ein privilegiertes Okkupationsrecht zustand, und damit zugleich eine gemeinrechtliche Streitfrage erledigt.

Der Fiskus darf aber als Erbe erst dann behandelt werden, wenn das Nachlaßgericht nach einem Ermittlungsverfahren festgestellt hat, daß kein anderer Erbe vorhanden ist. In seiner Rechtsstellung unterscheidet sich dieser in verschiedenen Beziehungen von anderen Erben (§§ 1964f., 1942, 2011, 2104, 2149).

§ 17. Erhöhung des gesetzlichen Erbteils durch Wegfall von Miterben.

Der auf einen von mehreren gesetzlichen Erben entfallende Erbteil kann später eine Erhöhung dadurch erfahren, daß einer seiner Miterben wegfällt, sei es infolge seiner Ausschlagung oder erfolgreicher Anfechtung seiner Berufung, oder weil er für erbunwürdig erklärt worden ist. Dann gestaltet sich die Verteilung des Nachlasses unter die übrig gebliebenen Erben so, als ob der Weggefallene niemals Erbe geworden wäre (§ 1935). Dies mit Recht; denn sie hätten, kraft ihrer Berufungsgründe, wenn der Weggefallene überhaupt nicht vorhanden gewesen wäre, von vornherein auf die ganze Erbschaft berufen sein müssen. Insofern tritt also die Erhöhung von selbst und mit Notwendigkeit ein. Aber sie macht sich nicht gegenüber allen Miterben in der gleichen Weise geltend. Der feste Erbteil, der dem überlebenden Ehegatten neben Verwandten der ersten und zweiten Ordnung zukommt, wird durch den Wegfall eines dieser Verwandten nicht erhöht, solange überhaupt noch ein Verwandter dieser Ordnungen berufen ist. Ebensowenig tritt die Erhöhung seines Erbteils ein, wenn der weggefallene durch andere gesetzliche Erben ersetzt wird. — Das BGB. unterscheidet, wie schon bemerkt wurde, diese „Erhöhung“ terminologisch von der „Anwachsung“, aber es behandelt beide in derselben Weise. So gilt auch hier der Teil der Erbschaft, um den sich der ursprüngliche Erbteil erhöht, in bezug auf die den einen oder den anderen Teil belastenden Vermächtnisse und Auflagen sowie die Ausgleichspflicht als besonderer Erbteil. — So einleuchtend diese Regelung der „Erhöhung“ ist, so befremdlich mag es wirken, wenn das BGB. nicht nur beim nachträglichen Wegfall eines Miterben von Erhöhung des Erbteils spricht, sondern ebenso beim Wegfall vor dem Erbfall. Sind doch vor dem Erbfall gesetzliche „Erben“ nicht vorhanden und keine Erbteile gebildet. Eher läßt sich dies bei der Anwachsung unter Testamentserben begreifen; denn hier hat der Erblasser die Erbschaft verteilt, so daß wir von Erbteilen wenigstens im Sinne von vom Erblasser vorgestellten Teilen reden können. Indessen hat die Ausdrucksweise des Gesetzes auch bei der gesetzlichen Erbfolge die praktische Bedeutung, daß in bezug auf Vermächtnisse, Auflagen und die Ausgleichungspflicht eben auch hier besondere „Erbteile“ angenommen werden sollen. Ob dies freilich vom gesetzespolitischen Standpunkt aus begründet ist, ist eine andere Frage.

§ 18. Die übrigen Berufungsgründe.

Neben dem Gesetz, d. h. richtiger der Verwandtschaft und dem ehelichen Bande, sind nach unserm geltenden Recht Berufungsgründe Testament und Erbvertrag. Über sie ist bereits gehandelt, so daß sich eine weitere Erörterung über die Berufungsgründe erübrigt.

Zweites Kapitel.

Anfall, Annahme und Ausschlagung der Erbschaft.

§ 19. Anfall der Erbschaft.

Das römische Recht ließ nur ausnahmsweise die Erbschaft unmittelbar auf den Erben übergehen. In der Regel unterschied es zwischen der Berufung zur Erbschaft

(Delation) und dem Erwerb der Erbschaft (Akquisition), und ließ die erstere regelmäßig mit dem Tode des Erblassers, die letztere aber durch Rechtsgeschäft des Berufenen, d. h. durch Erklärung seines Willens, Erbe zu werden, eintreten. Im Gegensatz dazu steht das BGB. auf dem Standpunkt des deutschen Rechts, der vor ihm u. a. im preußischen Landrecht anerkannt war: Mit dem Erbfall geht die Erbschaft mit Rechtsnotwendigkeit auf den Erben über; der Berufene bedarf daher keiner Willenserklärung mehr, um Erbe zu werden, sondern im Gegenteil einer solchen, um sich der Erbschaft, wenn er dies will, zu entledigen (§§1922/1942). Eine Besonderheit gilt nur für den Fiskus, der als letztberufener gesetzlicher Erbe nicht berechtigt ist, die Erbschaft auszuschlagen (§ 1942). Infolge des Rechts der Ausschlagung haben wir zwei Stadien des Erbschaftserwerbs zu unterscheiden: den vorläufigen Erwerb durch den Anfall und den definitiven Erwerb durch die Annahme der Erbschaft. In beiden ist die rechtliche Stellung des Erben verschieden. Während er nach der Annahme die Erbschaft behalten muß und daher durchaus als Herr der Erbschaft behandelt wird, ist seine Rechtsstellung, solange er das Recht der Ausschlagung hat, erheblich günstiger. Es ist zwar Erbe, Subjekt des Nachlasses, also Eigentümer der Erbschaftssachen, Gläubiger der Erbschaftsforderungen und Schuldner der Erbschaftsschulden, er setzt die vom Erblasser begonnene Ersitzung fort und unterliegt der gegen ihn laufenden Verjährung; er ist zuständig zur Verfügung über Nachlaßgegenstände und legitimiert zur Prozeßführung über sie; aber dabei berücksichtigt das Gesetz doch die Möglichkeit der Ausschlagung, die rückwirkende Kraft auf den Zeitpunkt des Erbfalls hat, indem es einerseits den Erben in diesem Zeitraum der Ungewißheit seiner Erbenstellung vor Belästigung und Benachteiligung schützt, andererseits aber auch den endgültigen Erben, wer er auch sein mag, vor Benachteiligung durch den einstweiligen Erben oder Dritte zu sichern sucht. Dies kommt in Besonderheiten der rechtlichen Stellung des einstweiligen Erben und in besonderen Aufgaben des Nachlaßgerichts zum Ausdruck.

1. Mit dem ersten der beiden Gesichtspunkte hängt es zusammen, daß in diesem Zwischenstadium ein Anspruch, der sich gegen den Nachlaß richtet, nicht gegen den Erben geltend gemacht werden kann (§1958). Er ist zwar Erbe, aber mit dem Recht der Ausschlagung; macht er davon Gebrauch, so wird es so angesehen, als ob er niemals Erbe gewesen und infolgedessen auch zu den Nachlaßprozessen niemals legitimiert gewesen wäre. Seine Sachlegitimation ist also auflösend bedingt (im Sinn der resolutiven Pendenz des römischen Rechts); nicht das Verwaltungsrecht und infolgedessen auch das Prozeßführungsrecht über den Nachlaß fehlt ihm, wie manche annehmen, was unhaltbar ist und mit dem im BGB. zugrunde gelegten Prinzip des unmittelbaren Erbschaftserwerbs im Widerspruch steht. Dies hat praktische Konsequenzen. Wie es das Recht des einstweilen berufenen Erben ist, sich der Erbenstellung zu entledigen, so muß es auch sein Recht sein, die Vorläufigkeit dieser Erbenstellung geltend zu machen, da er an sich als Erbe aktiv und passiv zu Erbschaftsprozessen legitimiert ist. Daher hat nicht der Kläger in einem Prozeß gegen den Erben als solchen dessen Passivlegitimation, d. h. die Erbschaftsannahme zu beweisen, sondern der Beklagte hat geltend zu machen, daß er sich den Prozeß nicht gefallen zu lassen brauche; dies wäre als Einrede der ungewissen Sachlegitimation zu bezeichnen. In der Einlassung auf die Klage wird man dagegen die Annahme der Erbschaft zu erblicken haben. Über das Recht des einstweiligen Erben, in Erbschaftsprozessen als Kläger aufzutreten, schweigt das Gesetz; die Frage ist infolgedessen bestritten. Zweifellos ist Prozeßführung keine Verfügung, wenn sie ihr auch in vielen Beziehungen analog ist: vor allem besteht der wichtige Unterschied, daß die Verfügung unmittelbar die Substanz des Rechtes, über das verfügt wird, ergreift, während die Prozeßführung eine solche unmittelbare sachliche Beziehung auf das den Gegenstand des Prozesses bildende Recht nicht hat, weshalb sie nicht ebenso, wie die Verfügung die Verfügungsmacht, eine besondere, in der

Rechtszuständigkeit oder sonstwie begründete Prozeßführungsmacht voraussetzt. Das Prozeßführungsrecht des Klägers läßt sich daher nicht aus der Erwägung bestreiten, es müsse dem Erben fehlen, weil sonst durch die Ausschlagung die Prozesse und Urteile hinfällig werden würden. Noch weniger läßt sich behaupten, daß dem Erben das allgemeine Verwaltungsrecht und mit ihm das Prozeßführungsrecht fehlen müsse. Denn als Erbe hat er auch in diesem Zwischenstadium zweifellos das Recht zur Verwaltung des Nachlasses. Dies wird vom Gesetz selbst mittelbar dadurch anerkannt, daß es gewissen Verwaltungshandlungen, nämlich manchen Verfügungen des einstweiligen Erben im Fall seiner Ausschlagung Wirksamkeit gegenüber dem endgültigen Erben verleiht. Man wird daher sagen müssen: Der einstweilige Erbe hat das Recht der Prozeßführung als Kläger, wie das Recht der Verwaltung des Nachlasses; es folgt aus seiner Erbenstellung. Welche Folgen seine Prozeßführung aber im Fall seiner Ausschlagung hat, beurteilt sich nicht nach erb-, sondern nach prozeßrechtlichen Normen; doch wird in dem Auftreten als Kläger wie in sonstigen Verwaltungsakten regelmäßig eine Erbschaftsannahme gesehen werden müssen; nämlich nur dann nicht, wenn die Klageerhebung nicht ohne Nachteil für den Nachlaß verschoben werden konnte, z. B. zum Zweck der Unterbrechung der Verjährung. Die ganze Bedeutung der genannten Vorschrift ist mithin, daß der Erbe nicht genötigt ist, sich in einen Erbschaftsprozeß e i n z u l a s s e n. Damit ist indessen nicht gesagt, daß solche Prozesse in diesem Stadium unterbleiben müssen: der Kläger kann die Bestellung eines Nachlaßpflegers beantragen, gegen den er seine Klage erheben kann.

2. Ob der einstweilige Erbe, wenn er erbschaftliche Geschäfte geführt hat, die Erbschaft noch ausschlagen kann, hängt davon ab, ob dieses Verhalten nicht als Erbschaftsannahme aufgefaßt werden muß, was Auslegungsfrage ist. Von ihr verschieden ist die Frage, wie solche Geschäfte gegenüber dem endgültigen Erben wirken, wenn sie nicht als Erbschaftsannahme aufzufassen sind (§ 1959). Das BGB. erklärt solche Geschäfte, die Verfügungen über Nachlaßgegenstände sind, gegenüber dem definitiven Erben für wirksam, wenn sie nicht ohne Nachteil für den Nachlaß aufgeschoben werden konnten, und beschränkt sich im übrigen darauf, den einstweiligen Erben gegenüber dem, der an seine Stelle treten wird, wie einen Geschäftsführer ohne Auftrag für berechtigt und verpflichtet zu erklären. Rechtsgeschäfte, die Dritte gegenüber dem einstweiligen Erben vorgenommen haben, bleiben auch nach der Ausschlagung wirksam, wenn sie von der Art sind, daß sie gegenüber dem Erben als solchen vorgenommen werden mußten. Die Fürsorge des Nachlaßgerichts hat dann einzutreten, vor allem, wenn ein Bedürfnis dazu vorliegt (§ 1960). Dies ist der Fall, wenn der Erbe unbekannt ist oder wenn ungewiß ist, ob er die Erbschaft angenommen hat. Die Sicherungsmaßregeln des Gerichts bestehen in der Versiegelung des Nachlasses, durch die dem einstweiligen Erben wie auch Dritten der tatsächliche Zugriff auf den Nachlaß vorenthalten oder wieder entzogen wird; in der Hinterlegung (richtiger Verwahrung) von Geld, Wertpapieren und Kostbarkeiten; in der Aufnahme eines Nachlaßverzeichnisses und Bestellung eines Nachlaßpflegers, der den Nachlaß für den künftigen Erben zu bewahren und zu erhalten hat. Diese Nachlaßpflegschaft unterliegt als Pflegschaft den Vorschriften des Vormundschaftsrechtes; nur tritt wegen ihres besonderen Gegenstandes an die Stelle des Vormundschaftsgerichtes das Nachlaßgericht (§ 1962). Eine weitere Funktion dieses Gerichtes ist die Ermittlung des unbekannten Erben (§§ 1964/65).

§ 20. Annahme und Ausschlagung der Erbschaft.

Mit dem Erbfall geht die Erbschaft auf den Erben über (Anfall der Erbschaft, § 1922). Der Erbe hat aber das Recht, die Erbschaft binnen einer gesetzlichen Frist auszuschlagen (§ 1942), und dieses Recht ist selbst vererblich (§ 1952 I). Nur der

Fiskus kann sich angefallener Erbschaften nicht entledigen (§ 1942 II); er ist jedoch in anderer Weise vor der Gefahr geschützt, durch den Erbschaftserwerb benachteiligt zu werden (vgl. oben § 17 III). Der resolutive Schwebezustand, der durch den Anfall der Erbschaft begründet wird, findet nach dem Gesetz sein Ende durch Annahme oder Ausschlagung der Erbschaft.

1. Wie die Annahme der Erbschaft zu geschehen habe, wird vom Gesetz selbst nicht gesagt. Nach der heute herrschenden Meinung erfolgt sie entweder durch eine nicht empfangsbedürftige Willenserklärung oder durch Betätigung des Willens, den Nachlaß zu behalten (pro herede gestio). Dem ist zuzustimmen. Es genügt also jede Erklärung, die als Kundmachung des Annahmewillens, und jede Betätigung, die als Ausfluß des Willens, Erbe zu sein, aufzufassen ist. Dieser eigentlichen Annahme steht nach dem Gesetz die Versäumung der Ausschlagung gleich. D. h. die Beendigung des Schwebezustandes ist hier die ipse jure eintretende Rechtsfolge der Versäumung der als Ausschlußfrist zu bezeichnenden Ausschlagungsfrist. Diese Frist beträgt regelmäßig sechs Wochen, ausnahmsweise sechs Monate (§§ 1943, 1944).

2. Die Erklärung der Ausschlagung hat gegenüber dem Nachlaßgericht durch öffentlich beglaubigte Willenserklärung zu erfolgen (§ 1945). Die Folge der Ausschlagung ist der Verlust der einstweiligen Erbenstellung mit rückwirkender Kraft (§ 1953). Aber wenn in der Person des Ausschlagenden mehrere Berufungsgründe vorliegen, so entsteht die Frage, ob die Ausschlagung diese Folge für sämtliche Berufungsgründe hat. Hier ist zu unterscheiden, ob sie sukzessiv oder gleichzeitig wirksam sind. Durch Ausschlagung der testamentarischen Erbschaft wird die gesetzliche Erbfolge eröffnet. Schlägt daher der durch Testament berufene gesetzliche Erbe die Erbschaft aus, so tritt überhaupt erst seine gesetzliche Berufung ein. Daher kann er die Erbschaft nunmehr noch als gesetzlicher Erbe annehmen (§ 1948 I), was insofern ohne praktische Konsequenz ist, als die dem Testamentserben aufgelegten Belastungen auch den gesetzlichen Erben treffen. Dagegen müßte an sich, wenn der Erbe aus mehreren gleichzeitig wirkenden Berufungsgründen, als mehreren Testamenten, mehreren Erbverträgen, oder zugleich aus Testament und Erbvertrag, berufen ist, die Erklärung, die Erbschaft nicht haben zu wollen, jede dieser Berufungen hinfällig machen. Das Gesetz läßt jedoch bei der Berufung aus Testament und Erbvertrag es zu, die Ausschlagung auf einen der beiden Berufungsgründe zu beschränken. Immer aber erstreckt sich im Zweifel die Ausschlagung auf alle dem Erben bekannten Berufungsgründe und daher muß der Erbe, wenn er seine Erklärung auf einen von mehreren Berufungsgründen beschränken will, das in erkennbarer Weise zum Ausdruck bringen, da er sonst die Erbschaft überhaupt verliert.

3. Wie die Annahme die Erklärung des Willens ist, in die Erbenstellung einzutreten, so die Ausschlagung die Erklärung, nicht Erbe sein zu wollen. Schon aus diesem Inhalt der beiden Willenserklärungen folgt ihre Unteilbarkeit, d. h. die Unzulässigkeit ihrer Beschränkung auf einen Teil der Erbschaft. Das BGB. führt diesen Gedanken aber nur teilweise durch, indem es unterscheidet: Ist der Erbe aus verschiedenen Berufungsgründen auf verschiedene Erbteile berufen, so kann er den einen Teil annehmen und den anderen ausschlagen. Beruht dagegen die Berufung zu den mehreren Erbteilen auf demselben Grunde — z. B. demselben Testamente — so gilt die Annahme oder die Ausschlagung des einen Teils auch für den anderen Teil, und zwar selbst dann, wenn dieser erst nachträglich anfällt. Dies gilt auch bei der Anwachsung oder der Erhöhung des gesetzlichen Erbteils beim Wegfall von Miterben, weil das Gesetz die hinzukommende Portion in dieser Beziehung überhaupt nicht als besonderen Erbteil behandelt. Die Frage, wann eine Berufung auf verschiedene Erbteile vorliegt, ist dahin zu beantworten, daß mehrere Erbteile jedenfalls immer dann vorliegen, wenn verschiedene Berufungsgründe in dem früher

erörterten Sinn wirksam sind, daß aber außerdem dann eine Mehrheit von Erbteilen angenommen werden muß, wenn der Erblasser einen von mehreren Erben auf verschiedene, sachlich verschieden behandelte Teile eingesetzt hat.

4. Wie die Annahme den bisherigen Schwebezustand beendet und den Berufenen zum endgültigen Erben macht, so daß die fürsorgliche Tätigkeit des Nachlaßgerichts aufhören und die Nachlaßpflegschaft aufgehoben werden muß, so besteht umgekehrt die Rechtsfolge der Ausschlagung darin, daß die Erbschaft als dem Ausschlagenden gar nicht angefallen gilt. Daher fällt die Erbschaft nunmehr demjenigen an, der berufen gewesen wäre, wenn der Ausschlagende den Erbfall gar nicht erlebt hätte (§ 1953 II). Hat einer von mehreren Miterben die Erbschaft ausgeschlagen, so fällt sein Erbteil an seine Miterben, sofern sie nach den erörterten Grundsätzen über die Berufung als auf diesen Erbteil berufen betrachtet werden können; sie können z. B. durch die Abkömmlinge des Ausschlagenden ausgeschlossen sein. Ist letzteres nicht der Fall, so tritt entsprechend früher Gesagtem entweder Anwachsung oder Erhöhung des gesetzlichen Erbteils ein. Das Recht der Ausschlagung geht ferner mit der Erbschaft auf den Erben des einstweiligen Erben über (§ 1952 II, Transmission im uneigentlichen Sinn). Dieser sukzediert also nicht in die Berufung, sondern ist nur Erbe seines Erblassers, des Transmittenten, in dessen Erbschaft sich die Erbschaft des ersten Erblassers als ein möglicher Bestandteil befindet. Schlägt er daher die ihm transmittierte Erbschaft aus, so gilt sie nicht als ihm, sondern als seinem Erblasser nicht angefallen; denn ihm selbst war sie gar nicht angefallen. Sind mehrere Erben (Transmissare) vorhanden, so wäre an sich die Regelung denkbar, daß die transmittierte Erbschaft als Bestandteil der deferierten Erbschaft zu gelten hätte, über die daher die Miterben nur gemeinsam verfügen, und die sie daher auch nur gemeinsam annehmen oder ausschlagen könnten. Das BGB. hat an die Stelle dieser einfachen und sachgemäßen Regelung die wenig geschickte Vorschrift gesetzt, daß jeder Miterbe den seinem Erbteil entsprechenden Teil der transmittierten Erbschaft ausschlagen kann (§ 1952 III) und damit die Wissenschaft vor die Frage gestellt, wem der dadurch freiwerdende Teil zufällt. Die Antwort kann nur lauten: er fällt gemäß dem für einen einzigen Transmissar zweifellos Geltenden an denjenigen, der Erbe des ersten Erblassers gewesen wäre, wenn der Transmittent überhaupt nicht gelebt hätte, und nicht an die Miterben des Ausschlagenden. Wenn demgegenüber geltend gemacht wird, der Transmittent hätte diesen Erfolg durch seine eigene Ausschlagungserklärung selbst nicht herbeiführen können, da er einen Teil der ihm zugefallenen Erbschaft überhaupt nicht ausschlagen konnte, so ist dies zwar zuzugeben, aber dagegen zu erwidern, daß die Vorschrift des § 1952 II eben mit diesem Grundsatz in zweifellosem Widerspruch steht. Und wenn für die entgegengesetzte Ansicht ausgeführt wird, sie entspreche der Stellung der Miterben als Gesamthänder, so ist eben das Gesamthandsprinzip für diesen Fall durch die fragliche Gesetzesnorm des § 1952 durchbrochen.

Drittes Kapitel.

Die rechtliche Stellung des Erben.

1. Rechtliche Stellung des Alleinerben.

§ 21. Im allgemeinen. Der Erbschein.

I. Die Annahme der Erbschaft hat zur Folge, daß die durch den Erbfall eingetretene Vereinigung der Erbschaft mit dem Erbenvermögen nicht wieder rückgängig gemacht werden kann (§ 1943). Ohne Rücksicht auf seinen ferneren Willen bleibt daher der Erbe Eigentümer der Nachlaßsachen, Gläubiger der Nachlaßforderungen usw. Daher sind auch wirkliche Rechtsverhältnisse zwischen dem Nachlaß und dem Erben nicht denkbar; Rechtsverhältnisse, die zwischen dem Erblasser und dem Erben bei des ersteren Lebzeiten bestanden hatten, sind infolge des Erbgangs durch „Konfusion“ erloschen und bleiben es nunmehr. Es kann zwar aus besonderen Gründen eine Separation des Nachlasses vom Erbenvermögen stattfinden (Sequestration des Nachlasses); aber sie bedeutet nur, daß die Nachlaßgegenstände dem Besitz, der Verwaltung und Verfügung des Erben entzogen werden; die dem Rechte nach geschehene Vereinigung der beiden Vermögensmassen bleibt bestehen. Dem entspricht es, daß, wenn schon aus praktischen Gründen, vor allem um eine Verkürzung des Erben oder dritter Personen durch die Sequestration zu verhüten, die früheren Forderungen des Erben gegen den Erblasser oder dieses gegen jenen als nicht erloschen behandelt werden, sie eben doch nur als nicht erloschen gelten, was nichts weiter als eine Fiktion ist, die nur technische und vor allem rechnerische Bedeutung hat. D. h. der Verwalter des Nachlasses hat gegen den Erben und dieser gegen jenen einen Anspruch darauf, daß derselbe rechtliche Erfolg hergestellt werde der bestehen würde, wenn die Vereinigung von Erbenvermögen und Erbschaft überhaupt nicht eingetreten wäre. Dieser Anspruch hat aber eine ganz andere rechtliche Natur als der als fortbestehend fingierte Anspruch. War etwa der Erblasser dem Erben verpflichtet, eine Sache zu übereignen, z. B. ein Grundstück aufzulassen, so hat der Nachlaßverwalter das Grundstück nicht etwa nunmehr dem Erben aufzulassen, da dieser durch den Erbgang Eigentümer geworden und trotz der Sequestration geblieben ist, sondern er hat das Grundstück dem Erben zu freier Verfügung herauszugeben und vielleicht noch die Berichtigung des Grundbuchs zu bewilligen.

Eine solche Nachlaßsequestration tritt aber nur aus besonderen Gründen ein. Die regelmäßige Folge der Erbenstellung ist, daß der Erbe selbst den Nachlaß verwaltet und über ihn verfügt, und vor allem, daß er es auch ist, der den Nachlaß liquidiert. Ausnahmen bilden das Institut der Nachlaßverwaltung zum Zweck der Befriedigung der Nachlaßgläubiger, der Nachlaßkonkurs als besondere Form der Nachlaßliquidation und endlich die Testamentsvollstreckung.

Die Frage, ob eine Person Erbe des Erblassers sei, und ob ihr daher die hier geschilderte Stellung zukomme, kann im einzelnen Fall sehr zweifelhaft sein. Um dem Erben eine äußere Legitimation über sein Erbrecht zu geben und dritte Personen vor der Gefahr zu schützen, sich zu ihrem Nachteil mit einem Nichterben in erbschaftliche Geschäfte einzulassen, dazu dient das erst im modernen Recht entwickelte Institut des Erbscheins.

II. Der Erbschein, d. h. die Bescheinigung der Erbberechtigung einer bestimmten Person durch das Nachlaßgericht, ist aus der deutschen Praxis hervorgegangen, wenn sich auch ähnliche Einrichtungen in älteren Rechten finden und vor allem die römische bonorum possessio eine gewisse Verwandtschaft der Funktion zeigt. Das prätorische Dekret, das den Erben in den Nachlaß einwies, gab ihm neben der Möglichkeit, sich in den Besitz des Nachlasses zu setzen, ohne sich verbotener Eigenmacht schuldig zu machen, eine wertvolle Legitimation, die sich vor allem in der Beklagtenrolle im Erbschaftsprozeß geltend machte, und in ähnlicher Weise wies das deutsche Recht den Erben häufig nur dann in den Nachlaß ein, wenn er seine Verwandtschaft oder seine sonstige Erbberechtigung dem Gericht nachwies, und in der daraufhin erteilten Einweisung und Entsiegelung des Nachlasses lag gleichfalls die Erteilung einer präsumtiven Erbenlegitimation. Daraus entwickelte sich in den Partikularrechten eine amtliche Erbrechtsbescheinigung in verschiedener Gestalt. Die weitere Entwicklung, die sich im preußischen Recht vollzieht, hängt mit dem Grundbuchwesen zusammen. Der Erbe bedurfte einer Bescheinigung seines Erbrechts, um im Grundbuch an Stelle des Erblassers eingetragen zu werden, und diese Bescheinigung wurde allmählich zu einer allgemeinen Bescheinigung des Erbrechts ausstaltet. Aber diese beschränkte sich auf die gesetzlichen Erben; anderen diente zu ihrer Legitimation das Testament. Im Gegensatz dazu gewährt das BGB. den Erbschein jedem Erben ohne Rücksicht auf den Berufungsgrund.

Dieser Erbschein ist dem Erben auf seinen Antrag vom Nachlaßgericht aus zustellen und hat sein Erbrecht, beim Vorhandensein mehrerer Erben auch die Größe des Erbteils zu bescheinigen (§ 2353). Daneben ist den Miterben auf Antrag auch ein gemeinschaftlicher Erbschein auszustellen (§ 2357). Der Ausstellung hat nötigenfalls ein Ermittlungsverfahren vorauszugehen, für das das Offizialprinzip gilt, und in dem das Nachlaßgericht vor allem eine öffentliche Aufforderung zur Anmeldung etwaiger Erbrechte erlassen kann (§§ 2358f.). Sind die zur Begründung des Antrags dienenden Tatsachen offenkundig oder durch öffentliche Urkunden und eidesstattliche Versicherung bewiesen, so erteilt das Gericht den Erbschein (im weiteren § 2355f.). Die Anhängigkeit eines Prozesses über das Erbrecht schließt die Erteilung nicht aus; doch soll das Gericht den Prozeßgegner vor der Erteilung hören (§ 2360). Natürlich ist die Erteilung des Erbscheins als ein Akt der freiwilligen Gerichtsbarkeit ohne Präjudiz für den Erbschaftsprozeß. Auch einem bloßen Vorerben kann ein Erbschein erteilt werden, der aber die Beschränkung durch die Anordnung der Nacherbfolge anzugeben hat (§ 2363). Dagegen kann der Erwerber eines Miterbenanteils ebensowenig einen Erbschein verlangen, wie der Erbschaftskäufer, da beide nicht Erben sind und durch den Kauf kein Erbrecht erwerben.

Denn der Erbschein sagt nichts aus über das Verhältnis des in ihm Genannten zu irgendwelchen Vermögensstücken; er ist nichts weiter als ein kategorisches Zeugnis über das Erbrecht des Antragstellers und insbesondere über den Umfang und die Beschränkungen dieses Erbrechts. Vor allem ist die Beschränkung des Erben durch die Nacherbfolge darin anzugeben; ebenso Befreiungen des Vorerben gegenüber dem Nacherben und die Anordnung einer Testamentsvollstreckung (§ 2364). Von dem Erbschein wird dem Erben eine Ausfertigung erteilt, deren er sich im Rechtsverkehr bedienen kann.

Die rechtliche Bedeutung dieser Urkunde ergibt sich aus ihrem Zweck und Inhalt und läßt eine enge Verwandtschaft mit dem Grundbuch erkennen. Der Erbschein begründet nämlich zunächst für den darin als Erbe Bezeichneten die Vermutung, daß ihm das angegebene Erbrecht zusteht und er nicht durch andere als die im Erbschein angegebenen Anordnungen beschränkt ist (§ 2365). Diese Vermutung gilt auch gegenüber einem anderen, der selbst Erbe zu sein behauptet. Sie ist eine einfache Rechtsvermutung, deren Funktion in der Umkehrung der Beweislast besteht. Wer also das Erbrecht des durch den Erbschein Legitimierten bestreitet, hat die Unrichtigkeit des Erbscheins zu beweisen. Die Vermutung gilt allgemein, nicht nur für Rechtsgeschäfte, sondern auch im Prozeß und sowohl für wie gegen den Erben, z. B. für die Erteilung der Vollstreckungsklausel für und gegen ihn. In ihr erschöpft sich jedoch seine Bedeutung nicht. Vielmehr kommt dem Erbschein zugunsten dritter Personen öffentlicher Glaube in demselben Sinn zu, wie dem Grundbuch (§ 2366). Erwirbt also ein Dritter von dem im Erbschein als Erbe Bezeichneten durch Rechtsgeschäft einen Erbschaftsgegenstand oder ein Recht an einem solchen oder die Befreiung von einem zur Erbschaft gehörigen Rechte, so gilt zu seinen Gunsten, soweit die genannte Vermutung reicht, der Inhalt des Erbscheins als richtig, es sei denn, daß der Dritte die Unrichtigkeit des Erbscheins kennt oder weiß, daß das Nachlaßgericht die Rückgabe des Erbscheins wegen Unrichtigkeit verlangt hat. Dieser öffentliche Glaube geht über eine bloße Vermutung weit hinaus; die unter seinem Schutz stehenden Rechtsgeschäfte sind gegenüber dem wahren Erben gültig und werden durch den Beweis der Unrichtigkeit des Erbscheins nicht entkräftet. Hieraus ergibt sich schon, daß diese Funktion des Erbscheins, ebenso wie die analoge des Grundbuchs, nur dann in Frage kommt, wenn der Erbschein sachlich unrichtig ist, sei es, daß er eine Person als Erben nennt, die nicht Erbe ist, oder den Anteil eines Miterben in seinem Teilerbschein unrichtig bezeichnet oder endlich erbrechtliche Beschränkungen des Erben verschweigt. Sie bezieht sich nur auf solche Geschäfte des Erben, die seine Erbeigenschaft voraussetzen, d. h. in erster Linie auf Verfügungen und ist bedeutungslos bei bloßen Verpflichtungsgeschäften, weil deren Gültigkeit von dieser Eigenschaft unabhängig ist. Und endlich hat er Bedeutung nur für Geschäfte über wirkliche Nachlaßgegenstände; er schützt nicht den, der einen Gegenstand irrtümlich für einen Nachlaßgegenstand hält. Das gilt an sich auch für Nachlaßgrundstücke; doch ergibt der Erbschein im Zusammenhang mit dem Eingetragensein des Erblassers die Legitimation des Scheinerben zur Verfügung über das Grundstück. Eine Erweiterung dieses öffentlichen Glaubens besteht darin, daß er auch Leistungen an den Scheinerben auf Grund eines zur Erbschaft gehörenden Rechtes und Rechtsgeschäfte zwischen dem Scheinerben und einem Dritten in bezug auf ein solches Recht unter seinen Schutz nimmt. Dagegen hat der öffentliche Glaube des Erbscheins keine Bedeutung für die Prozeßführung: hier gilt vielmehr der prozeßrechtliche Grundsatz, daß sich die Rechtskraft des Urteils auf die Parteien beschränkt.

Einen unrichtigen Erbschein hat das Nachlaßgericht von Amts wegen einzuziehen und damit kraftlos zu machen (§ 2361). Auch kann der wirkliche Erbe von dem Besitzer eines unrichtigen Erbscheins die Herausgabe an das Nachlaßgericht verlangen (§ 2362). Über den beschränkten Erbschein vgl. § 2369.

§ 22. Der Testamentsvollstrecker.

Die Einrichtung des Testamentsvollstreckers greift insofern in die rechtliche Stellung des Erben ein, als durch sie wichtige Funktionen, die an sich mit der Erbenstellung verbunden sind, aus ihr herausgelöst und auf einen Dritten übertragen werden, so daß sie als eine einschneidende Beschränkung der normalen Erbenstellung bezeichnet werden kann. Sie hat sich infolge der Rezeption des römischen Rechts bei uns herausgebildet und kann insofern im Grunde weder als eine Einrichtung des römischen Rechts, mit dessen erbrechtlichen Grundgedanken sie ja im entschiedenen Widerspruch steht, noch des deutschen Rechts betrachtet werden, wenn sie auch an ein Institut des älteren deutschen Rechtes anknüpft, nämlich an den Salmann oder Treuhänder, der hier in eigenartiger Weise in den Dienst des römischen Rechts und seiner Testamente gestellt worden ist, für deren Durchsetzung gegenüber dem Widerstand der deutsch denkenden Bevölkerung er vor allem sorgen sollte. Um nämlich zu verhindern, daß die dem deutschen Wesen fremden Testamente, die das Intestaterbrecht der Kinder und sonstigen Verwandten gefährdeten, umgangen würden oder unausgeführt blieben, griff die Praxis nach dem Institut des Treuhänders, dem die Vollstreckung der Verfügung von Todes wegen aufgetragen wurde. Hieraus hat sich die moderne Testamentsvollstreckung entwickelt, deren Anordnung durch letztwillige Verfügung erfolgt.

I. Das Wesen dieser Einrichtung ist seit langem bestritten. Das BGB. bezeichnet die Vollstreckung mit einem gewissen Nachdruck als Amt (§§ 2197 II, 2202). Natürlich ist dies nicht ein Amt im Sinn des öffentlichen Rechts; denn der Vollstrecker empfängt seine Befugnisse nicht aus den Händen der öffentlichen Gewalt und sie haben auch keinen öffentlichrechtlichen Inhalt; aber dies würde nicht gegen seine Auffassung als Amt sprechen, da es auch sonst rein privatrechtliche Amtsstellungen gibt, wie z. B. die des Vormundes und des Pflegers. Wenn aber mit der Bezeichnung der Testamentsvollstreckung als Amt die oft aufgeworfene Frage, ob der Vollstrecker Stellvertreter, sei es des Erblassers oder des Erben oder des Nachlasses oder der Nachlaßbeteiligten sei, verneint werden soll, so genügt wohl der Hinweis auf den Vormund, der zweifellos ein Amt in demselben Sinn wie der Vollstrecker bekleidet und vom Gesetz geradezu als Vertreter, nämlich als gesetzlicher Vertreter des Mündels bezeichnet wird, um die Wertlosigkeit dieses Arguments zu zeigen. Sehr viel gewichtiger ist der Umstand, daß die Auffassung des Vollstreckers als Vertreters, wie man sie im näheren auch sich denken mag, auf Schwierigkeiten stößt. Gegen die Annahme, er sei Vertreter des Erben, läßt sich einwenden, daß wir bei einem Vertreter in der Regel an eine Person denken, die wegen tatächlicher oder rechtlicher Behinderung eines anderen dessen Interessen wahrzunehmen hat, mag sie nun von ihm selbst oder von der Obrigkeit für ihn bestellt sein, während der Vollstrecker gerade den Willen des Testators gegenüber dem etwa widerstrebenden Erben und gegen dessen Interesse durchzusetzen hat; gegen seine Auffassung als Vertreters des Erblassers, die aus diesem Gesichtspunkt am nächsten liegt, daß der Erblasser nicht mehr Rechtssubjekt ist und infolgedessen nicht mehr vertreten werden kann, wie auch gegen die Lehre, daß er den Nachlaß vertrete, eingewendet werden kann, daß Vertretung von Rechtsobjekten und Vermögensmassen für uns eine unbekannte Kategorie ist, da wir nur die Vertretung von Personen kennen. Aber doch liegt in jeder dieser Auffassungen etwas Wahres, da der Vollstrecker seine amtliche Macht aus der Hand des Erblassers empfängt, wie der Vertreter seine Vollmacht aus der Hand des Vertretenen und als Organ seines Willens tätig werden soll; wie er auch anderseits seine amtliche Macht auf den Nachlaß beschränkt und nicht über dessen Bereich hinaus wirksam tätig werden kann, und wie er schließlich mit diesem Handeln im Bereich des Nachlasses doch in die Rechtssphäre des Erben als des Subjekts dieses Vermögens eingreift. Darin zeigt sich aber auch neben der Vielseitigkeit die Eigenart seines Wesens, die es nicht durch Subsumtion unter einen Allgemeinbegriff, wie es die Stellvertretung ist, zu verdecken, sondern zu erfassen gilt.[1]) Jedenfalls wird dieses Wesen, d. h. die wesentliche Seite dieser Rechtsstellung, durch die Bezeichnung als „Amt" schlechthin nicht getroffen, sondern es kommt darauf an, daß er dieses Amt aus dem Testament erhält, daß er Organ des Testators und Vollstrecker seines Willens ist, der so über das Grab hinaus fortwirkend gedacht wird. Gegenüber dieser Tatsache, die ja in dem Inhalt der Anordnung der Vollstreckung unmittelbar gegeben ist, will es gar nichts besagen, daß der tote Testator keinen Willen mehr hat und das mandatum post mortem im gemeinen Recht zwar anerkannt, aber nicht geeignet war, eine Verfügungsmacht zu begründen und einen Vertrag und nicht eine einseitige Verfügung von Todes wegen voraussetzte. Übrigens ist die praktische Bedeutung dieser Streitfrage für das heutige Recht gering; denn dieses regelt die rechtliche Stellung des Vollstreckers sehr eingehend, so daß es sich fast nur um die Frage handelt, ob der Vollstrecker im Namen des Vertretenen — sei dies nun dieser oder jener — handeln muß. Diese Frage aber läßt sich auf Grund einer formaljuristischen Begriffssubsumtion nicht beantworten; sie ist ganz unabhängig davon, ob wir formell den Vollstrecker als Beamten oder als Vertreter betrachten und muß aus der Natur der Sache beantwortet werden. Zweifellos aber hat das Erfordernis des Handelns im fremden Namen eine sachliche Begründung, die von der Bezeichnung des Handelnden als Vertreters unabhängig ist: wer die Rechtsfolgen seiner Willenserklärungen von sich ablenken will, muß zu erkennen geben, daß er nicht in seiner eigenen, sondern in fremder Interessensphäre tätig wird. Das gilt für die Testamentsvollstreckung ebenso wie für die Fälle bevollmächtigter oder gesetzlicher Vertretung: d. h. der Vollstrecker muß sich zwar nicht als Vertreter des Erben usw. bezeichnen, aber als Testamentsvollstrecker eines bestimmten Erblassers, wenn er es vermeiden will, aus seinen Rechtsgeschäften persönlich haftbar zu werden. Für andere als Verpflichtungsgeschäfte hat das Erfordernis des Handelns im fremden Namen ja überhaupt keine Bedeutung.

II. Beschränken wir uns im folgenden auf den Wirkungskreis des Vollstreckers, so

---

[1]) In anderem Sinne habe ich diese Frage in meiner „Rechtsstellung des Erben" behandelt (Bd. I, S. 196, II, S. 105, III, S. 379, N. 18).

ist davon auszugehen, daß dieser in erster Linie durch die Anordnung des Erblassers bestimmt wird. In Ermangelung solcher Anordnung überträgt ihm das Gesetz (§§ 2302ff.): die Vollziehung der letztwilligen Verfügungen des Erblassers und zu diesem Zweck die Verwaltung des Nachlasses und die Auseinandersetzung unter den Miterben nach der Anordnung des Erblassers. Er wird an der Erfüllung dieser Aufgabe durch den Widerspruch der Erben nicht gehindert und ist in der Verwaltung des Nachlasses grundsätzlich nicht beschränkt. Jedoch darf er keine unentgeltlichen Verfügungen vornehmen, mit Ausnahme von Pflicht- und Anstandsschenkungen. Er kann Verbindlichkeiten für den Nachlaß eingehen, soweit dies zur ordnungsmäßigen Verwaltung erforderlich ist und sie ihm zustehende Verfügungen über den Nachlaß zum Gegenstand haben. Er kann vom Erben die Zustimmung zur Eingehung solcher Verbindlichkeiten verlangen; jedoch haftet der Erbe für sie nicht schlechthin persönlich, sondern nur in derselben Weise wie für andere Nachlaßverbindlichkeiten. Diese Rechtsstellung des Vollstreckers kann vom Erblasser in gewissem Maße erweitert oder eingeschränkt werden (§§ 2207/08). Vor allem kann der Testator ihm die Verwaltung des Nachlasses übertragen, ohne ihm andere Aufgaben zuzuweisen, oder anordnen, daß der Vollstrecker die Verwaltung nach Erledigung seiner sonstigen Aufgaben fortzuführen habe (§ 2809). Aber eine solche Anordnung ist zeitlich beschränkt (§ 2210). Der Vollstrecker kann auch zu dem Zweck eingesetzt sein, um bis zum Eintritt der Nacherbfolge die Rechte und Pflichten des Nacherben auszuüben bzw. zu erfüllen (§ 2222). Endlich kann er auch nur zu dem Zweck ernannt sein, für die Ausführung der einem Vermächtnisnehmer auferlegten Beschwerungen (Untervermächtnisse und Auflagen) Sorge zu tragen (§ 2223).

Diesem Wirkungskreis entsprechend ist sein Verhältnis zum Erben geregelt. Und zwar ist diese Regelung zwingenden Rechts, so daß die sich daraus gegenüber dem Erben ergebenden Pflichten dem Vollstrecker nicht vom Testator erlassen werden können. Im allgemeinen untersteht dieses Rechtsverhältnis den für den Auftrag geltenden Vorschriften (§ 2218), woraus natürlich nicht auf die rechtliche Natur der Testamentsvollstreckung geschlossen werden darf, wie sich auch umgekehrt aus dem eigenartigen Wesen des Instituts kein Argument gegen die Richtigkeit dieser Regelung ergibt. Im einzelnen ergeben sich für den Vollstrecker aus diesem Grundgedanken folgende Pflichten: die Pflicht der Inventarisierung des Nachlasses, der ordnungsmäßigen Verwaltung, der Herausgabe der Nachlaßgegenstände an den Erben, soweit ihrer der Vollstrecker nicht zur Erfüllung seiner Aufgaben bedarf, die Pflicht, dem Erben während der Dauer der Vollstreckung Auskunft zu erteilen und Rechenschaft abzulegen und nach Beendigung des Amtes den Nachlaß so herauszugeben, wie er sich durch seine Verwaltung gestaltet hat. Dazu kommt noch die Haftung des Vollstreckers gegenüber Erben und Vermächtnisnehmern für Schadenersatz und die Pflicht seiner Erben, den Tod des Vollstreckers anzuzeigen und bei Gefahr im Verzug seine Amtsführung einstweilen fortzusetzen (§§ 2219, 2218, 644ff.). Umgekehrt kann der Vollstrecker vom Erben wie ein Beauftragter Vorschuß und Ersatz von Aufwendungen verlangen, ja selbst eine angemessene Vergütung (§ 2221) sofern nicht der Erblasser dies ausgeschlossen hat.

Sind mehrere Vollstrecker ernannt, so ist für ihren Wirkungskreis zunächst die Anordnung des Erblassers maßgebend. Er kann jedem einzelnen einen besonderen Wirkungskreis anweisen, Fürsorge treffen für den Fall des Wegfalls eines Vollstreckers, endlich auch anordnen, daß unter ihnen die Stimmenmehrheit entscheiden soll. Grundsätzlich aber ist die Amtsführung der mehreren Vollstrecker gemeinsam; nur die zur Erhaltung eines Nachlaßgegenstandes erforderlichen Maßregeln kann jeder Vollstrecker allein treffen. Können sich die Vollstrecker nicht einigen, so muß das Nachlaßgericht um Entscheidung angegangen werden (§ 2224). Für gemeinsames Verschulden haften die mehreren Vollstrecker als Gesamtschuldner (§ 2219 II).

Durch diese Regelung der Testamentsvollstreckung ist natürlich der Erbe in seiner Rechtsstellung erheblich beschränkt. Ihm ist zunächst die Verfügung über Nachlaßgegenstände, soweit sie der Verwaltung des Vollstreckers unterstellt sind, entzogen (§ 2211). Der Erwerb gutgläubiger Dritter wird nur insoweit geschützt, als es mit den Vorschriften über den Erbschein verträglich ist. Vor allem aber äußert sich die Beschränkung des Erben in bezug auf die Prozeßführung. Die wichtigste Folge des Verwaltungsrechts ist ja immer die Prozeßführung; wem die Verwaltung eines Vermögens zusteht, dem ist auch die Prozeßführung übertragen, genauer das Prozeßführungsrecht, das von der Sachlegitimation wohl zu unterscheiden ist. Dieses Prozeßführungsrecht steht dem Testamentsvollstrecker zu, soweit ihm die Verwaltung des Nachlasses zusteht; ist dies nicht der Fall, so hat es der Erbe. Soweit dagegen das Verwaltungsrecht des Vollstreckers reicht, ist dem Erben das Prozessierungsrecht entzogen. Daher kann vor allem ein der Verwaltung des ersteren unterliegendes Recht nicht vom Erben gerichtlich geltend gemacht werden (§ 2212). In den sogenannten Aktivprozessen halt also der Erbe wohl die Sachlegitimation, aber es fehlt ihm das Prozeßführungsrecht. Eine Folge dieser Regelung ist, daß das vom Vollstrecker erwirkte Urteil für und gegen den Erben wirkt (ZPO. § 327 I). Auch die Zwangsvollstreckung aus einem solchen Urteil ist gegen den Erben möglich, nach Umstellung der Vollstreckungsklausel auf ihn (ZPO. § 728 II), worin zweifellos ein Argument gegen die Auffassung des Vollstreckers als Vertreters des Erben liegt. Denn wäre er dies, so wäre der Erbe vertretene Partei und bedürfte es keiner Vorschriften über die Wirkung des Urteils und die Zulässigkeit der Zwangsvollstreckung, vor allem auch nicht der Umstellung der Vollstreckungsklausel. In Wirklichkeit ist aber der Vollstrecker selbst Partei, was sich auch darin äußert, daß der Erbe als Zeuge vernommen werden kann. — Soweit dagegen dem Vollstrecker das Verwaltungsrecht nicht zusteht, ist der Erbe zur Prozeßführung berechtigt (§ 2212); dann ist also auch er Partei und nicht der Vollstrecker. Etwas anders ist die Berechtigung zur Führung von Passivprozessen über den Nachlaß geregelt. Im allgemeinen kann nämlich ein Anspruch, der sich gegen den Nachlaß richtet, sowohl gegen den Erben wie gegen den Vollstrecker geltend gemacht werden (§ 2213). Nur wenn dem Vollstrecker die Verwaltung des Nachlasses nicht zusteht, ist die Geltendmachung nur gegen den Erben zulässig. So ist also das Prozeßführungsrecht wohl für den Verwalter, nicht aber für den Erben an das Verwaltungsrecht gebunden. Ein Pflichtteilsanspruch ferner kann unter allen Umständen nur gegen den Erben geltend gemacht werden. Dies beruht auf der freilich unzutreffenden Auffassung, daß der Vollstrecker auch gegenüber der außergerichtlichen Geltendmachung dieses Anspruchs nicht zuständig sei. Es ist jedoch nicht einzusehen, warum der Vollstrecker, wenn ihm die Verwaltung des Nachlasses zusteht, nicht ebenso wie andere Nachlaßgläubiger auch Pflichtteilsberechtigte soll befriedigen können. Doch muß es für uns bei dem Gesetz natürlich sein Bewenden haben. Nach der herrschenden Lehre ist auch der Streit über die Erbenberechtigung Sache des Erben und nicht des Vollstreckers, der in dieser Frage über den Parteien steht und sich nur um den Nachlaß zu kümmern braucht. Daran ist soviel richtig, daß es nicht Sache des Vollstreckers ist, über die Erbberechtigung dieses oder jenes Prätendenten zu prozessieren und daß er auch niemals Erbschaftsbesitzer im Sinne des Gesetzes ist. Denn als Vollstrecker nimmt er nicht selbst das Erbrecht für sich in Anspruch, und wenn seine Aufgabe beendet ist, so hat zwar der Erbe gegen ihn einen Anspruch auf Herausgabe des Nachlasses, aber nicht den Erbschaftsanspruch, sondern die actio mandati utilis. Bestreitet dagegen ein Dritter als Intestaterbe die Gültigkeit des Testamentes, auf Grund dessen der Vollstrecker den Nachlaß für die eingesetzten Erben verwaltet, so wird sich die Zulässigkeit der Klage gegen den Vollstrecker nicht wohl bestreiten lassen.

Zu seiner Legitimation erhält der Testamentsvollstrecker ein Zeugnis des Nachlaßgerichts, das im wesentlichen dem Erbschein entspricht und in das die Abweichungen von den gesetzlichen Befugnissen des Vollstreckers aufzunehmen sind. Es wird kraftlos mit der Beendigung seines Amtes (§ 2368).

§ 23. Die Haftung des Erben für die Nachlaßverbindlichkeiten.

Das römische Recht hat aus der Nachfolge des Erben in die Rechtsstellung des Verstorbenen die Folgerung gezogen, daß der Erbe für die Schulden des Erblassers wie dieser selbst, also mit seinem ganzen eigenen Vermögen hafte. Durch den Erwerb der Erbschaft vereinigte sich diese ja mit seinem Eigenvermögen zu einer Einheit, die das unterschiedslose Befriedigungsmittel für die Gläubiger des Erben wie des Erblassers bilden mußte. War daher die Erbschaft überschuldet, so lief der Erbe Gefahr, durch den Erbschaftserwerb benachteiligt zu werden, und er hatte deshalb Veranlassung, den Erbschaftserwerb hinauszuziehen oder überhaupt abzulehnen, was vor allem für die Gläubiger des Erblassers wenig erfreulich war. Erst Justinian hat diesen unbefriedigenden und unvollkommenen Zustand beseitigt. Er ging davon aus, daß die Gläubiger des Erblassers durch den Erbfall nicht benachteiligt werden, wenn ihnen nach diesem der Nachlaß in derselben Weise haftet wie vorher das Vermögen des Erblassers, sofern ihnen nur dieser Nachlaß als Befriedigungsmittel gesichert ist, und daß kein Anlaß besteht, ihnen durch den Erbfall eine Verbesserung ihrer Lage zu verschaffen. Der Gedanke einer amtlichen Nachlaßverwaltung war andererseits dem damaligen Rechtsleben noch fremd. So sollte den Nachlaßgläubigern das Eigenvermögen des Erben nicht haften, wenn er in gesetzlicher Frist und gehöriger Form ein vollständiges Nachlaßinventar errichtete und in Vorlage brachte. In der Inventarerrichtung hatte also der Erbe ein Mittel, seine an sich unbeschränkte Haftung auf den Nachlaß zu beschränken. Mag auch die Idee des Kaisers gewesen sein, damit eine Art von beschränkter Haftung einzuführen; sachlich ist daraus nur die Beschränkbarkeit der Haftung geworden. Daraus hat sich in der gemeinrechtlichen Praxis die Antretung der Erbschaft „sub beneficio inventarii" entwickelt, d. h. die Erklärung vor dem Nachlaßgericht, die Erbschaft unter der Wohltat des Inventars anzutreten, worauf das Gericht selbst das Inventar aufnahm.

Im Gegensatz zum römischen Recht ist das deutsche Recht davon ausgegangen, daß der Erbe für die Schulden des Erblassers überhaupt nicht hafte. Das Familiengut war den Erben verfangen; der Erblasser konnte darüber weder verfügen noch es mit Schulden belasten. Erst später hat sich diese Strenge des Standpunkts gemildert. Der Erbe sollte zwar nicht mit seinem eigenen Vermögen, aber doch mit dem ererbten Gute für die Schulden des Erblassers haften, die so als eine auf dem Nachlaß ruhende Last erschienen. Dieser Grundsatz trat dann in Widerstreit mit dem römischen Prinzip der unbeschränkten, aber beschränkbaren Haftung. Unter dem Einfluß dieses Widerstreits entwickelte sich in den Partikularrechten ein eigenartiges Rechtsinstitut, das uns besonders klar im preußischen Allgemeinen Landrecht entgegentritt: der Erbe haftete grundsätzlich nur mit dem Nachlaß; aber er sollte das daraus fließende Recht, die Gläubiger auf den Nachlaß zu verweisen, dadurch verlieren, daß er es unterließ, innerhalb einer ihm vom Nachlaßgericht auf Antrag eines Gläubigers gesetzten Frist ein Nachlaßinventar zu errichten. Das römische Inventarrecht wird so mit dem deutschen Prinzip der beschränkten Haftung kombiniert; die unbeschränkte Haftung wird zu einer Folge der Fristversäumung, während im gemeinen Recht die beschränkte Haftung die Folge der Inventarerrichtung ist. Diese Gestaltung der Erbenhaftung hat ihren Einfluß auf Recht des BGB. ausgeübt.

Schon der erste Entwurf dieses Gesetzes hatte sich im wesentlichen dem preußischen System angeschlossen. Der Erbe sollte an sich den Nachlaßgläubigern als

Schuldner haften, aber, wenn der Nachlaß nicht zu ihrer Befriedigung ausreichte, berechtigt sein, sie durch Beantragung des Nachlaßkonkurses oder im einzelnen durch die sogenannte Abzugseinrede auf den Nachlaß zu verweisen, so daß der einzelne Gläubiger, auch wenn es nicht zum Nachlaßkonkurs kam, stets nur das erhielt, was er im Nachlaßkonkurs erhalten haben würde. Dieses Recht war nicht von der vorherigen Inventarerrichtung abhängig, obwohl es als „Inventarrecht" bezeichnet war, sondern sollte dem Erben dadurch verloren gehen, daß er die ihm gesetzte Inventarfrist versäumte. Es war damit zweifellos ausgesprochen, daß der Erbe an sich nur mit dem Nachlaß, also „beschränkt" haften sollte; er konnte die Gläubiger zwar nicht von der Pfändung seiner eigenen, nicht zum Nachlaß gehörigen Gegenstände abhalten, brauchte sich aber keinesfalls über den Wert des Nachlasses hinaus in Anspruch nehmen zu lassen. Man pflegt dies als Haftung pro viribus, nicht cum viribus hereditatis, als rechnerisch, nicht gegenständlich beschränkte Haftung zu bezeichnen. Die Kritik an diesem gekünstelten System brachte die Abzugseinrede, die prozeßtechnisch eine Ungeheuerlichkeit war, weil der Erbe natürlich nicht in der Lage war, außerhalb des Konkurses eine konkursmäßige Nachlaßliquidation durchzuführen, zu Fall und ersetzte sie durch ein ganz neues Gebilde, die „Nachlaßpflegschaft zum Zweck der Befriedigung der Nachlaßgläubiger" oder „Nachlaßverwaltung". Damit war aber der Grundsatz der beschränkten Haftung des Erben bereits verlassen und eine Wendung zum römischen Recht hin vollzogen: denn von beschränkter Haftung können wir nur reden, wenn der Erbe unter allen Umständen in der Lage ist, sein Vermögen vor dem Zugriff der Gläubiger zu schützen; wenn dagegen ein Gesetz dem Erben nur unter der Voraussetzung, daß er bestimmte, die Gläubiger sichernde Maßnahmen ergreift, gestattet, sich auf die beschränkte Haftung zu „berufen", so bedeutet dies in Wahrheit die Einführung der unbeschränkten, aber beschränkbaren Haftung. Es wäre alsdann nur folgerichtig gewesen, wenn das BGB. das Institut der Inventarerrichtung überhaupt aus seinem System entfernt und durch die energischer wirkende Nachlaßverwaltung ersetzt hätte, oder wenn es das Inventar neben dieser für Fälle von geringerer Bedeutung, wo der Apparat der Nachlaßverwaltung als unverhältnismäßig kompliziert und kostspielig erschien, beibehalten hätte; in beiden Fällen wäre das Prinzip der beschränkbaren Haftung unzweideutig durchgeführt gewesen. Das hat der Gesetzgeber nicht getan, sondern er hat das „Inventarrecht" des ersten Entwurfes beibehalten und sogar die terminologischen Änderungen unterlassen, die die Preisgabe des Grundgedankens erfordert hätte. So soll nach dem Gesetz der Erbe „unbeschränkt haften", wenn er nicht binnen der ihm gesetzten richterlichen Inventarfrist ein Nachlaßinventar errichtet. Die Beibehaltung der deutschrechtlichen Umgestaltung des Inventarrechts im Zusammenhang mit der Terminologie des Gesetzes hat in der Tat zu der Meinung verführt, daß auch dem Recht des BGB. das Prinzip der beschränkten Haftung zugrunde liege und daß nur insofern eine Änderung gegenüber dem früheren Recht und dem ersten Entwurf anzunehmen sei, als das BGB. zweifellos die Haftung cum viribus hereditatis an die Stelle der Haftung pro viribus gesetzt habe. War dies aber richtig, dann mußte der Erbe in der Lage sein, die Nachlaßgläubiger ohne weiteres, also auch ohne Nachlaßsequestration, auf den Nachlaß zu verweisen. Und in der Tat schien dies, wenn auch nicht mit Vorschriften des BGB., so doch der Zivilprozeßordnung belegt werden zu können. Denn nach dieser kann sich der Erbe, der von einem Nachlaßgläubiger belangt wird, im Urteil die beschränkte Haftung vorbehalten lassen und dann auf Grund seiner beschränkten Haftung im Fall der Pfändung seiner eigenen Gegenstände die Vollstreckungsgegenklage auf Aufhebung dieser Vollstreckungsmaßregeln erheben.[1]) Nirgends war im Gesetz gesagt, daß diese Einwendungen die

---

[1]) ZPO. §§ 780, 781, 785.

Herbeiführung der beschränkten Haftung voraussetzten; so lag es nahe, darin nur eine Konsequenz der grundsätzlich beschränkten Haftung zu sehen und zu behaupten, das Haftungsprinzip des geltenden Rechtes stehe nicht im BGB., sondern in der ZPO. Demgegenüber mußte sich freilich das Bedenken geltend machen, daß mit dieser Auffassung andere auf die Erbenhaftung bezügliche Einrichtungen nicht wohl zu vereinigen seien; daß vor allem nach den eigenen Worten des BGB. der Erbe an sich für die Nachlaßverbindlichkeiten „hafte", d. h. wohl ebenso hafte, wie jeder andere Schuldner, also persönlich, und daß sich die Haftung des Erben, von vereinzelten Ausnahmen abgesehen, nur dann auf den Nachlaß „beschränken" solle, wenn die Nachlaßverwaltung eingeleitet oder der Nachlaßkonkurs eröffnet, also wenn der Nachlaß sequestriert sei. Das konnte ohne Voreingenommenheit nur von der unbeschränkten, aber beschränkbaren Haftung verstanden werden. So schien ein unheilbarer Widerspruch zwischen den einzelnen auf die Erbenhaftung bezüglichen Instituten des BGB. zu bestehen, der nur durch einen operativen Eingriff überwunden werden konnte, wobei man sich dafür entscheiden zu müssen glaubte, die beschränkte Haftung zugrunde zu legen und der Nachlaßsequestration nur die Bedeutung zuzuerkennen, daß ihre Herbeiführung ein Mittel sei, die Befriedigung der Nachlaßgläubiger aus dem Nachlaß durchzuführen und eine Verantwortlichkeit des Erben ihnen gegenüber zu verhüten.[1]) Aber freilich beruhte diese Konstruktion auf einem Irrtum. Es läßt sich zeigen, daß die auf die Durchführung der beschränkten Haftung bezüglichen zivilprozessualen Vorschriften gar nicht ein bestimmtes Haftungssystem voraussetzen; sie sind ja unverändert aus der alten Zivilprozeßordnung in die neue herübergenommen worden und hatten ursprünglich die Aufgabe, eine rein prozeßtechnische Frage einheitlich für die ganze Fülle der Partikularrechte zu lösen, unabhängig von dem Standpunkt, den diese zu der Frage der grundsätzlichen Gestaltung der Erbenhaftung eingenommen hatten. Sei es, daß der Erbe beschränkt haftete oder diese Haftung nur herbeiführen konnte: jedenfalls sollte er in der Lage sein, sich den Vorbehalt der beschränkten Haftung zu erwirken, um diese dann, sei es ohne weiteres oder erst nach Herbeiführung der beschränkten Haftung, in der Zwangvollstreckung geltend machen zu können. Die Vorschrift galt ja vor allem auch für das gemeine Recht mit seinem Grundsatz der Beschränkbarkeit der Haftung. Mit dieser Erkenntnis war der Theorie der beschränkten Haftung für das BGB. der Boden entzogen. Denn nunmehr ließen sich die Vorschriften über das Inventarrecht leicht mit denen über die Nachlaßsequestration vereinigen, und die allein noch bestehende terminologische Schwierigkeit ließ sich durch eine Umdeutung beheben. Man mußte nur unter der „beschränkten Haftung", die der Erbe durch Versäumung der Inventarfrist verlieren sollte, die beschränkbare, und unter der „unbeschränkten Haftung" die unbeschränkbare Haftung verstehen. So ergab sich für das Recht des BGB. folgender Grundgedanke: Der Erbe haftet für die Nachlaßverbindlichkeiten an sich unbeschränkt. Er kann seine Haftung aber auf den Nachlaß beschränken, wenn er die Sequestration des Nachlasses herbeiführt. Er verliert dieses Recht der Haftungsbeschränkung, wenn er nicht rechtzeitig ein Inventar über den Nachlaß errichtet.

Damit ist der angebliche Widerspruch zwischen den verschiedenen Vorschriften über die Erbenhaftung beseitigt und eine Umdeutung der die beschränkbare Haftung voraussetzenden Vorschriften entbehrlich geworden. Aber freilich bleibt die Rege-

---

[1]) Diese Lehre habe ich im II. Bande meiner Rechtsstellung des Erben vorgetragen und eingehend zu begründen gesucht. Meine Theorie der „beschränkten Haftung" bedeutete also von vornherein nicht, daß ich dieses Prinzip als klar erfaßt und widerspruchslos im Gesetz durchgeführt betrachtet hätte; über die in dieser Auffassung beruhenden Schwierigkeiten war ich mir von vornherein klar; doch schienen sie mir im Vergleich mit den sich für die herrschende Lehre von der unbeschränkten Haftung ergebenden die geringeren zu sein. Nur in dieser Beziehung habe ich heute meine Meinung geändert.

lung der Erbenhaftung durch das BGB. vom praktischen Standpunkt aus anstößig. Das Inventar ist kein Mittel mehr, die Haftung zu beschränken; es ist insofern durch die weitergehende Nachlaßverwaltung ersetzt. Auch wo der Erbe, ausnahmsweise, dieser nicht bedarf, um seine Haftung auf den Nachlaß zu beschränken, verlangt das Gesetz nicht, daß er ein Inventar errichte. So wäre am besten der ganze auf dieses veraltete Institut bezügliche Abschnitt gestrichen worden. Aber immer noch erscheint die Regelung des BGB. als zu kompliziert für die Durchschnittsfälle. Die Nachlaßverwaltung ist eine Einrichtung, die bei sehr großen Nachlässen am Platze sein mag: für die Mehrzahl der Fälle ist sie zu schwerfällig und zu kostspielig. Auf der anderen Seite ist es nicht gerade sachgemäß, daß der Erbe, wenn es sich um große gewerbliche oder industrielle Unternehmungen handelt, seinen Betrieb aus der Hand gebe und einem Nachlaßverwalter überlasse. Zudem scheint der Erbe, wenn die Vorschriften über die Haftung im Fall der Nachlaßverwaltung wörtlich genommen werden, überhaupt kein Mittel zu haben, seine Haftung dauernd auf den Nachlaß zu beschränken, wenn ihm dies auch nicht sonderlich gefährlich zu werden braucht, da er freiwillig ein Inventar errichten kann. Schließlich hätte die Einheitlichkeit des Grundgedankens verlangt, daß in den Fällen, wo die Sequestration schon nach Ansicht des Gesetzgebers angesichts der Geringfügigkeit des Nachlasses unangebracht erschien, der Erbe von vornherein zur Inventarisierung, vielleicht in vereinfachter Form, verpflichtet worden wäre, um dem Gläubiger wenigstens eine gewisse Sicherheit dafür zu verschaffen, daß der Nachlaß wirklich zu seiner Befriedigung verwendet werde. — In rein technischer Beziehung ist nicht nur die außerordentliche Kompliziertheit dieses Haftungsrechts zu beanstanden, sondern vor allem, daß es die einzelnen Institute nicht zu einer organischen Einheit verbunden hat, wie dies in dem alten preußischen Liquidationsprozeß der Fall war.

Nach diesen einleitenden Bemerkungen ist noch kurz auf die einzelnen auf die Erbenhaftung bezüglichen Institute einzugehen.

I. Das Inventar (§§ 1993—2012). Die Inventarerrichtung ist heute kein Mittel der Haftungsbeschränkung mehr. Daher ist sie auch nicht an eine gesetzliche Frist gebunden, vielmehr kann der Erbe jederzeit ein Verzeichnis des Nachlasses beim Nachlaßgericht einreichen, was das Gesetz als Inventarerrichtung bezeichnet. Aber es kann ihm auf Antrag eines Nachlaßgläubigers vom Nachlaßgericht eine Inventarfrist gesetzt werden, und wenn er diese Frist versäumt, so „haftet er den Nachlaßgläubigern unbeschränkt", d. h., wie aus der Vorbemerkung ersichtlich ist, er hat die Möglichkeit verloren, seine unbeschränkte Haftung durch die gesetzlichen Mittel auf den Nachlaß zu beschränken. Umgekehrt sichert sich der Erbe durch die rechtzeitige Inventarerrichtung diese Möglichkeit, so daß er nicht mehr Gefahr läuft, unbeschränkbar zu haften. Denn nach Errichtung des Inventars kann ihm keine neue Inventarfrist gesetzt werden. Seine Errichtung ist auch nicht Voraussetzung der Nachlaßsequestration; sondern im Gegenteil, da der Nachlaß- oder Konkursverwalter dem Erben die Verwaltung des Nachlasses abnimmt und selbst ein Inventar zu errichten hat, wird durch die Einleitung des Konkurses oder der Nachlaßverwaltung die gesetzte Inventarfrist hinfällig; in beiden Fällen ist ja den Gläubigern die vollkommene Sicherheit gegeben, daß der Nachlaß zu ihrer Befriedigung dienen werde. Die sachliche Bedeutung des Inventars besteht darin, daß es, wenn es ordnungsmäßig errichtet ist, die Vermutung begründet, daß andere als die darin angegebenen Nachlaßgegenstände nicht vorhanden seien. So kann sich der Erbe gegenüber den Nachlaßgläubigern auf das Inventar für die Behauptung berufen, daß der Nachlaß zu ihrer Befriedigung nicht ausreiche. Umgekehrt hat die Versäumung der Inventarfrist — und, was ihr gleichsteht, die absichtliche Errichtung eines unrichtigen Inventars — den Verlust der Beschränkbarkeit der Haftung zur Folge. Dagegen zieht die Verweigerung der Erhärtung des Inventars durch Ablegung des Offenbarungseides den Verlust dieser Rechtslage nur gegenüber demjenigen Gläubiger nach sich, der die Leistung des Offenbarungseides verlangt hat. Infolge der nunmehr unbeschränkten Haftung aber kann der Erbe auch einem im Aufgebotsverfahren ausgeschlossenen oder verspätet gemeldeten Gläubiger nicht mehr die Befriedigung aus seinem eigenen Vermögen verweigern, wie auch die Sequestration des Nachlasses durch Konkurs oder Nachlaßverwaltung den Gläubigern nicht mehr den Zugriff auf dieses Vermögen verwehrt und der Erbe selbst nicht mehr in der Lage ist, die Nachlaßverwaltung zu beantragen. Ebenso ist ihm das Recht verloren gegangen, bei Dürftigkeit des Nachlasses die Gläubiger ohne Sequestration auf den Nachlaß zu verweisen. Hat dagegen der Erbe nur gegenüber einem einzelnen Gläubiger die beschränkbare Haftung verwirkt, so wird dadurch seine allgemeine Rechtsstellung nicht berührt.

Eine privilegierte Stellung hat in der Inventarfrage der Fiskus. Ihm kann nämlich keine Inventarfrist gesetzt werden. Das bedeutet aber nicht, daß er von vornherein beschränkt hafte und der Gefahr der Verwirkung dieser Haftung nicht ausgesetzt sei; vielmehr haftet er wie jeder andere Erbe beschränkbar, jedoch so, daß er diese Haftung nicht einbüßen kann.

II. Neben der Inventarerrichtung steht im BGB. ohne organische Verbindung die Einrichtung des Aufgebots der Nachlaßgläubiger (§§ 1970ff.). Auch sie ist kein Mittel der Haftungsbeschränkung, sondern hat zunächst nur den Zweck, dem Erben zu ermöglichen, die Nachlaßgläubiger und ihre Forderungen festzustellen. Das Nachlaßgericht erläßt auf Antrag des Erben — oder des Nachlaßverwalters oder Testamentsvollstreckers — die öffentliche Aufforderung an die Nachlaßgläubiger zur Anmeldung ihrer Forderungen binnen bestimmter Frist; verstreicht die Frist, so ergeht ein „Ausschlußurteil“, das die rechtzeitig angemeldeten Forderungen feststellt und die anderen Gläubiger ausschließt. Dieser Ausschluß bedeutet zwar nicht, daß die von ihm betroffenen Gläubiger ihre Forderungen einbüßen, aber sie werden dadurch benachteiligt, daß sie im Rang hinter die nicht ausgeschlossenen zurücktreten und daß der Erbe ihnen nur noch beschränkt haftet. Der Erbe ist nämlich berechtigt, die Befriedigung dieser Gläubiger aus seinem eigenen Vermögen zu verweigern und braucht ihnen nur den Nachlaßrest herauszugeben, der ihm nach Befriedigung der anderen Gläubiger verblieben ist (§ 1973). Diese Befriedigung haben sie nach den Vorschriften über die Zwangsvollstreckung zu versuchen, d. h. auf dem Wege der öffentlichen Versteigerung durch einen Gerichtsvollzieher; denn von einem wirklichen Zwangsvollstreckungsverfahren kann deshalb keine Rede sein, weil es an dem dafür erforderlichen Vollstreckungstitel notwendigerweise fehlt. — Das Gläubigeraufgebot führt also nicht immer und nur gegenüber gewissen Gläubigern zur Haftungsbeschränkung. Diese Folge liegt zwar nicht im Wesen des Aufgebotsverfahrens, das sich darin erschöpft, den rechtzeitig gemeldeten Gläubigern eine gesicherte Stellung vor den säumigen einzuräumen, aber es bedeutet einen besonders wirksamen Zwang zur rechtzeitigen Meldung. Übrigens werden von dem Aufgebot nicht alle Nachlaßgläubiger betroffen. Es scheiden vielmehr aus: Pfandgläubiger und solche, die im Konkurs ihnen gleichstehen sowie Gläubiger, die bei der Zwangsversteigerung in das unbewegliche Vermögen ein Recht auf Befriedigung aus diesem Vermögen haben, ferner Gläubiger, deren Ansprüche durch Vormerkung gesichert sind oder die im Konkurs ein Aussonderungsrecht haben. Sie können also, auch wenn sie ihre Forderungen nicht rechtzeitig angemeldet haben, Befriedigung aus dem Pfand oder was ihm gleichsteht, verlangen. Insoweit jedoch dieses Befriedigungsmittel nicht ausreicht, hat das Ausschlußurteil auch für sie Bedeutung. Ebenso werden Pflichtteilsberechtigte, Vermächtnisnehmer und Auflagenbegünstigte durch das Aufgebot nicht betroffen. Denn diese haben überhaupt nur ein Recht darauf, aus dem Überschuß des Nachlasses nach Befriedigung anderer Gläubiger befriedigt zu werden und stehen daher selbst den ausgeschlossenen Gläubigern nach.. Endlich werden durch den Ausschluß solche Gläubiger nicht betroffen, denen der Erbe bereits im Sinn des Gesetzes „unbeschränkt“ haftet.

Einem ausgeschlossenen steht der Gläubiger gleich, der seine Forderung erst nach fünf Jahren vom Erbfall an gegenüber dem Erben geltend macht, es sei denn, daß die Forderung dem Erben vor dem Ablauf dieser Frist bekannt oder im Aufgebotsverfahren angemeldet worden ist. Rechtsverlust durch Verschweigung (§ 1974).

III. Nachlaßkonkurs und Nachlaßverwaltung (§§ 1975—1992). Beide dienen der Befriedigung sämtlicher Gläubiger durch Liquidation des Nachlasses, aber sie verfahren dabei in verschiedener Weise. Beide sondern den Nachlaß vom Vermögen des Erben und machen so die durch den Erbfall eingetretene Vereinigung der Vermögen, wenn auch nicht dem Rechte nach, so doch tatsächlich wieder rückgängig (Separation des Nachlasses), indem sie dem Erben die Verwaltung des Nachlasses nehmen und in die Hand eines Verwalters legen, der sie im ausschließlichen Interesse der Nachlaßgläubiger durchzuführen hat (Sequestration des Nachlasses). Damit verbindet sich für den Erben der Vorteil, daß er von der Verantwortlichkeit für seine Nachlaßverwaltung gegenüber den Nachlaßgläubigern befreit wird. Zwischen diesen beiden Formen der Nachlaßliquidation hat der Erbe aber nicht die Wahl. Er kann zwar stets, solange er nicht die beschränkbare Haftung eingebüßt hat, die Anordnunder Nachlaßverwaltung beantragen; sobald sich aber die Überschuldung des Nachlasses herausstellt, muß er den Antrag auf Konkurseröffnung stellen und haftet, wenn er dies unterläßt, den Gläubigern für den ihnen dadurch erwachsenden Schaden. Anderseits kann er die Eröffnung des Nachlaßkonkurses nur bei Überschuldung des Nachlasses beantragen. Der Kenntnis von der Überschuldung steht die fahrlässige Unkenntnis gleich.

Eine Folge der Separation des Nachlasses durch die Anordnung der beiden Liquidationsverfahren ist zunächst die Aufhebung der durch den Erbfall eingetretenen Konfusionen, worüber bereits früher das Nötige gesagt worden ist; eine weitere Folge, daß die von einem Nachlaßgläubiger ohne Zustimmung des Erben vorgenommene Aufrechnung seiner Forderung an den Nachlaß gegen eine persönliche Forderung des Erben an ihn und die von einem persönlichen Gläubiger des Erben bewirkte Aufrechnung seiner Forderung gegen eine Forderung an den Nachlaß aufgehoben werden. Darin tritt vor allem die beschränkbare Haftung als das Grundprinzip unseres Haftungsrechtes klar zutage: die grundsätzlich beschränkte Haftung müßte sich darin äußern, daß die genannten Konfusionen überhaupt nicht eintreten würden und solche Aufrechnungen überhaupt nicht vorgenommen werden könnten.

Der Antrag zur Einleitung der Nachlaßverwaltung kann nicht nur von dem „beschränkt“, d. h. beschränkbar haftenden Erben, sondern auch von den Nachlaßgläubigern gestellt werden; von letzteren aber nur unter der Voraussetzung, daß Grund zu der Annahme besteht, die Befriedigung der Gläubiger durch den Erben werde gefährdet und daß nicht zwei Jahre seit der Annahme der Erbschaft verstrichen sind. In diesem Antrag ist ein Rest des gemeinrechtlichen beneficium separationis erhalten. Die Folge der Anordnung der Nachlaßverwaltung besteht darin, daß die Verwaltung des Nachlasses dem Erben entzogen und auf einen Nachlaßpfleger übertragen wird. Für seine bisherige Verwaltung haftet der Erbe den Gläubigern wie ein Beauftragter. Der Nachlaßverwalter hat den Nachlaß in Besitz zu nehmen, zu versilbern und die Gläubiger zu befriedigen. Diese Befriedigung erfolgt aber nicht nach den Grundsätzen des Konkurses, wozu auch keine Veranlassung bestehen würde, da die Nachlaßverwaltung voraussetzt, daß der Nachlaß zur Berichtigung aller Nachlaßverbindlichkeiten ausreicht, sondern beliebig, nach Maßgabe der vorhandenen Zahlungsmittel und der Meldung der Gläubiger. Erweist sich jedoch der Nachlaß nachträglich als überschuldet, was vor allem das Ergebnis des Gläubigeraufgebots sein kann, so hat der Verwalter sofort die Konkurseröffnung zu beantragen. Für die Erfüllung seiner Pflichten haftet er sowohl den Gläubigern wie dem Erben. Nach Befriedigung der bekannt gewordenen Gläubiger oder, soweit sie zur Zeit Befriedigung nicht verlangen können, nach Sicherstellung ihrer Forderungen, hat er den Nachlaß dem Erben auszuantworten. Die Nachlaßverwaltung endet regelmäßig durch einen Gerichtsbeschluß, nach Befriedigung der Gläubiger; ausnahmsweise aber ohne solchen Beschluß durch Eröffnung des Nachlaßkonkurses. Auch kann sie wegen Mangels einer entsprechenden Masse aufgehoben werden. — Wie sich nach Beendigung der Nachlaßverwaltung die Haftung des Erben gegenüber noch nicht befriedigten Nachlaßgläubigern gestalte, ist im Gesetz nicht ausdrücklich gesagt. Hat ein Aufgebotsverfahren stattgefunden, so gilt freilich aus diesem Grunde die beschränkte Haftung. Andernfalls wird zwar auch behauptet, daß der Erbe nunmehr beschränkt hafte; aber dies ergibt sich nicht aus dem Gesetz, aus dessen Vorschriften über die Gestaltung der Haftung nach Beendigung des Nachlaßkonkurses (vgl. die §§ 1989 und 1990) eher das Gegenteil durch Umkehrschluß entnommen werden muß. Und da durch die Anordnung der Nachlaßverwaltung die Setzung der Inventarfrist unwirksam wird (§ 2000), ist an sich zu schließen, daß nach Beendigung der Nachlaßverwaltung und Aushändigung des Nachlaßrestes an den Erben diesem wieder eine Inventarfrist gesetzt werden kann, damit er sich über den Verbleib der Masse ausweise, und daß er daher auch wieder die beschränkte Haftung verlieren kann. Diese Konsequenz ist freilich mißlich. Denn wenn der Nachlaß nicht überschuldet ist und daher kein Anlaß besteht, den Nachlaßkonkurs zu beantragen, hat der Erbe an sich überhaupt kein Mittel, seine Haftung ein für alle Mal auf den Nachlaß zu beschränken. Man wird deshalb auf Grund eines Analogieschlusses aus den Vorschriften über das Gläubigeraufgebot und die Dürftigkeitseinrede annehmen dürfen, daß der Erbe nach Beendigung der Nachlaßverwaltung nur noch beschränkt haftet und eine Bestätigung dieser Ansicht in den Worten des Gesetzes sehen dürfen: „Die Haftung des Erben beschränkt sich auf den Nachlaß, wenn die Nachlaßverwaltung angeordnet ist“ (§ 1975).

Neben der Nachlaßverwaltung steht der Nachlaßkonkurs als geordnetes Liquidationsverfahren. Er setzt sachgemäß nicht die Zahlungsunfähigkeit — da der Nachlaß zum Zweck der Befriedigung der Nachlaßgläubiger stets in Geld umgesetzt werden kann — sondern die Überschuldung des Nachlasses voraus (KO. § 214, BGB. § 1980). Nicht erforderlich ist, daß der Erbe die Haftungsbeschränkung nicht verwirkt oder die Erbschaft angenommen hat. Antragsberechtigt ist der Erbe, der Nachlaßpfleger oder ein anderer Nachlaßverwalter, der Testamentsvollstrecker, sofern ihm die Verwaltung des Nachlasses zusteht, sowie jeder Nachlaßgläubiger innerhalb einer zweijährigen Frist von der Annahme der Erbschaft an. Ausgeschlossene Gläubiger, Vermächtnisnehmer und Auflagenberechtigte jedoch nur dann, wenn auch über das eigene Vermögen des Erben der Konkurs eröffnet ist. Die Folge der Konkurseröffnung ist im allgemeinen dieselbe wie die der Einleitung der Nachlaßverwaltung: die Verwaltung des Nachlasses wird dem Erben entzogen, und auf den Verwalter übertragen, der den Nachlaß in Besitz zu nehmen, zu versilbern und nach Konkursgrundsätzen zu verteilen hat. Auf das Konkursverfahren ist hier nicht einzugehen. Der Nachlaßkonkurs endet stets durch einen Gerichtsbeschluß, der entweder die Aufhebung des Konkurses oder die Einstellung des Verfahrens ausspricht. Erstere erfolgt entweder nach Ausschüttung der Masse oder nach Abschluß eines Zwangsvergleichs; letztere nach dem Verzicht der Gläubiger auf Durchführung des Konkurses oder wegen Unzulänglichkeit der Masse zur Deckung der Kosten des Verfahrens. Die noch vorhandene Masse erhält dann der Erbe zur freien Verwaltung zurück. Hatte er die Beschränkbarkeit der Haftung vorher bereits eingebüßt, so verbleibt es bei der unbeschränkten Haftung; andernfalls haftet der Erbe nach dem Gesetz, wenn der Konkurs aufgehoben wurde, nur noch beschränkt, und zwar ebenso wie im Aufgebotsverfahren ausgeschlossenen Gläubigern, nämlich den Gläubigern, die am Konkurs nicht teilgenommen haben oder durch den Zwangsvergleich nicht betroffen werden. Diejenigen Gläubiger, die befriedigt worden sind, sind dagegen ausgeschieden, und die durch den Zwangsvergleich gebundenen Gläubiger haben aus diesem Vergleich eine persönliche Forderung gegen den Erben erlangt, die nicht unter dem Recht der Erbenhaftung steht. Die Frage dagegen, wie sich die Haftung im Fall der Einstellung gestaltet, wird vom Gesetz nur für einen Fall beantwortet, nämlich für den der Unzulänglichkeit der Masse. Auch hier soll der Erbe nur mit dem Überschusse haften und gegen eine Klage, die ihn schlechthin auf Zahlung belangt, durch eine Einrede geschützt sein. Ist dagegen die Einstellung infolge des Gantverzichts der Gläubiger erfolgt, so kann keine Rede davon sein, daß der Erbe nunmehr endgültig beschränkt hafte. Vielmehr muß die Sache nunmehr so angesehen werden, als ob der Konkurs überhaupt nicht eröffnet wäre; d. h. der Erbe haftet, sofern er nicht schon die beschränkte Haftung verwirkt hatte, beschränkbar mit der Gefahr der unbeschränkten Haftung. Doch ist diese Gefahr gering, da der Erbe sich auf ein von dem Konkurs- oder Nachlaßverwalter errichtetes Inventar berufen kann. Dasselbe wird von dem im Gesetz nicht vorgesehenen Fall zu sagen sein, daß die Nachlaßgläubiger auf die Durchführung der von ihnen beantragten Nachlaßverwaltung verzichten.

Der Nachlaßsequestration bedarf es nicht, wenn sich ihre Anordnung wegen Mangels einer den Kosten entsprechenden Masse als nicht tunlich erweist. In diesem Fall ist der Erbe berechtigt, ohne weiteres die Befriedigung eines Gläubigers aus seinem Eigenvermögen zu verweigern und ihm auf sein Verlangen den Nachlaß zum Zweck der Befriedigung nach den Vorschriften über die Zwangsvollstreckung herauszugeben. Das gleiche Recht hat der Erbe auch dann, wenn diese Voraussetzung nicht vorliegt, sofern die Überschuldung des Nachlasses nur auf Vermächtnissen und Auflagen beruht (§ 1990—1992).

IV. Es bleibt noch die Frage zu erörtern, wie sich die Haftung des Erben gestaltet, wenn, ohne daß Gründe besonderer Regelung vorliegen, ein einzelner Nachlaßgläubiger vom Erben Befriedigung verlangt. In diesem Fall ist der Erbe nach der ZPO. berechtigt, sich den Vorbehalt der beschränkten Haftung im Urteil zu erbitten, um zu verhindern, daß das Urteil zu einem Vollstreckungstitel in sein gesamtes Vermögen werde. Auf Grund dieses Vorbehalts kann dann der Erbe der Vollstreckung in sein eigenes Vermögen widersprechen, sofern er inzwischen die beschränkte Haftung wirklich erlangt hat. Freilich hat dieser Vorbehalt nur geringe praktische Bedeutung. Der Erbe bedarf seiner nicht gegenüber im Aufgebotsverfahren ausgeschlossenenen oder diesen gleichstehenden Gläubigern, weil er diesen den vorhandenen Nachlaß herausgeben kann und im Fall der Nachlaßsequestration, weil durch sie Vollstreckungsmaßregeln aufgehoben werden und die Vollstreckung nur noch gegen den Verwalter durchgeführt werden kann, so daß der Erbe durch sie nicht bedroht wird. So kommt für den Vorbehalt der beschränkten Haftung im Grunde nur die Haftung des Erben nach Beendigung der Nachlaßverwaltung in Betracht. —

Das Ergebnis dieser Darstellung ist die unbeschränkte, aber beschränkbare Haftung des Erben. Führt er bestimmte Maßnahmen durch, so haftet den Gläubigern nur noch die Substanz des Nachlasses. Diese Haftung ist aber nicht so aufzufassen, wie die Haftung des Grundeigentümers für die Grundschuld; es liegt keine ipso jure auf den Nachlaß radizierte Haftung vor. Sondern der Anspruch des Gläubigers geht auf Zahlung schlechthin, nicht auf Leistung aus dem Nachlaß, und es ist Sache des Erben, die Erfüllung aus seinem eigenen Vermögen zu verweigern. D. h. die beschränkte Haftung ist durch Einrede geltend zu machen.

V. Auf Billigkeitserwägungen beruht es, daß das BGB. dem Erben auch noch nach der Erbschaftsannahme eine Zeitlang die Möglichkeit gewährt, sich dem Zugriff der Nachlaßgläubiger überhaupt zu entziehen: er soll sich in Muße darüber klar werden, in welcher Weise er den Nachlaß liquidieren will. Das Gesetz spricht hier von „Aufschiebenden Einreden“ (§ 2013f.). Der Erbe ist nämlich berechtigt, die Berichtigung einer Nachlaßverbindlichkeit bis zum Ablauf der ersten drei Monate nach der Annahme der Erbschaft, jedoch nicht über die Errichtung des Inventars hinaus zu verweigern. Hat er den Antrag auf Einleitung des Aufgebotsverfahrens gestellt und ist diesem stattgegeben, so ist er dazu sogar bis zur Beendigung des Aufgebotsverfahrens berechtigt. Wenn diese Vergünstigung auch mit der Frage der beschränkten oder unbeschränkten Haftung nichts zu tun hat, so gilt sie doch nicht, wenn der Erbe die beschränkte Haftung verwirkt hat, sowie gegenüber Gläubigern, die vom Aufgebot nicht betroffen werden. Die Geltendmachung dieser sog. Einreden führt im Gegensatz zu anderen nicht zur Abweisung der Klage, sondern nur dazu, daß die Zwangsvollstreckung für die Dauer der genannten Fristen auf solche Maßregeln beschränkt wird, die zur Vollziehung des Arrestes zulässig sind. Es handelt sich also gar nicht um ein materielles Recht, die geschuldete Leistung zu verweigern, sondern um ein prozessuales Recht auf Hemmung der Zwangsvollstreckung, und die Bezeichnung „aufschiebende Einreden“ ist insofern unzutreffend.

§ 24. Vorerbe und Nacherbe.

Über die Einsetzung eines Nacherben ist bereits früher gehandelt worden. Hier ist daher nur noch die Rechtsstellung des Vor- wie des Nacherben und ihr Verhältnis zueinander zu erörtern.

I. Solange der Fall der Nacherbfolge noch nicht eingetreten ist, kommt die Erbenstellung dem Vorerben zu. Er ist nicht etwa bloßer Nießbraucher, sondern Erbe und daher Eigentümer, Gläubiger, Schuldner wie der Erblasser; aber nur für eine gewisse Zeit, nämlich bis zum Eintritt der Nacherbfolge. Wegen dieser zeitlichen Beschränkung und des dann erfolgenden Übergangs der Erbenstellung auf einen anderen ist seine Rechtsstellung als Erbe erheblich eingeschränkt (vgl. §§ 2112ff.). Die Stellung des Vorerben ist aber nicht in allen Fällen dieselbe; vielmehr ist zu unterscheiden: In der Regel gebühren dem Vorerben bis zum Eintritt der Nacherbfolge die Nutzungen der zur Erbschaft gehörenden Gegenstände und ihre Verwaltung. Wenn dies auch unmittelbar aus seiner Eigenschaft als Erbe folgt, so muß er sich doch bei Führung der Verwaltung vor Augen halten, daß er die Erbschaft dem Nacherben wird herausgeben müssen und daß er sie in dem Zustand herauszugeben hat, der einer ordnungsmäßigen Verwaltung entspricht. Er haftet dabei dem Nacherben für Beobachtung der Sorgfalt, die er in seinen eigenen Angelegenheiten zu beobachten pflegt. Die auf die Dauer seines Rechtes entfallenden Verwaltungskosten trägt der Vorerbe; hinsichtlich anderer Verwendungen ist zu unterscheiden: sind sie von der Art, daß der Vorerbe sie als zur Erhaltung von Erbschaftsgegenständen für erforderlich halten darf, oder bestehen sie in der Deckung außerordentlicher Lasten, die auf den Stammwert dieser Gegenstände gelegt sind, so darf er sie aus der Erbschaft bestreiten, und wenn er sie aus seinen eigenen Mitteln bestreitet, so kann er Ersatz verlangen. Wegen anderer Verwendungen kann er dagegen vom Nacherben Ersatz nur nach den Grundsätzen über die Geschäftsführung ohne Auftrag verlangen, jedoch unbeschadet des Rechts der Wegnahme einer Einrichtung, mit der er den Erschaftsgegenstand versehen hatte. Um des Rechts des Nacherben willen ist der Vorerbe auch in seiner Verfügungsmacht beschränkt. Vor allem in bezug auf die Verfügungen über Grundstücke und Grundstücksrechte — weshalb auch bei der Eintragung des Vorerben der Nacherbe von Amts wegen in das Grundbuch einzutragen ist —; in bezug auf unentgeltliche Verfügungen, soweit sie nicht einer sittlichen Pflicht oder einer Anstandsrücksicht entsprechen; in bezug auf Hypotheken-, Grund- und Rentenschulden, die der Vorerbe zwar kündigen und einziehen darf, jedoch nur so, daß das Kapitel an ihn nur nach Einwilligung des Nacherben bezahlt oder sonst für beide hinterlegt werden darf. Verfügungen über Erbschaftsgegenstände, die im Wege der Zwangsvollstreckung oder des Arrests oder durch den Konkursverwalter erfolgen, werden, sofern sie nicht infolge der Geltendmachung des Rechts eines Nachlaßgläubigers oder eines an dem Erbschaftsgegenstand bestehenden und gegenüber dem Nacherben wirksamen Rechtes vorgenommen worden sind, im Fall des Eintritts der Nacherbfolge insoweit unwirksam, als sie das Recht des Nacherben vereiteln oder beeinträchtigen würden, und zwar mit rückwirkender Kraft. Besonderes gilt noch von den vom Vorerben begründeten Miet- und Pachtverhältnissen. Abgesehen von diesen Fällen ist die Verfügungsmacht des Vorerben unbeschränkt; diese Freiheit seiner Rechtsstellung wird nur durch seine Verantwortlichkeit gegenüber dem Nacherben korrigiert. Wird jedoch durch das Verhalten des Vorerben oder durch seine Vermögenslage die Besorgnis einer erheblichen Verletzung seiner Rechte begründet, so kann der Nacherbe Sicherheit, und wenn diese nicht geleistet wird, die Anordnung einer gerichtlichen Verwaltung des Nachlasses verlangen. Anders gestaltet sich die Stellung des Vorerben, wenn der Erblasser sie besonders geregelt hat, sei es daß er die Verwaltung des Nachlasses dem Vorerben durch Ernennung eines Testamentsvollstreckers entzogen oder ihm umgekehrt größere Freiheit eingeräumt hat (§§ 2136, 2209, 2222). Alle in dieser Beziehung zulässigen Befreiungen aber gelten als dem Vorerben zugestanden, wenn der Nacherbe auf dasjenige eingesetzt ist, was von der Erbschaft beim Eintritt der Nacherbfolge noch übrig sein wird, und im Zweifel auch dann, wenn der Erblasser angeordnet hat, daß der Vorerbe zur freien Verfügung über den Nachlaß berechtigt sein soll (§ 2137). Aber auch dann sind dem Vorerben gewisse Verfügungen entzogen und kann der Nacherbe wie stets die Vorlage eines Nachlaßverzeichnisses und die Feststellung des Zustandes der Erbschaftsgegenstände verlangen. Die Herausgabepflicht eines solchen „befreiten Vorerben" beschränkt sich auf die zur Zeit des Eintritts der Nacherbfolge noch vorhandenen Erbschaftsgegenstände. In diesem Fall kann der Vorerbe aber auch nicht Ersatz seiner Aufwendungen verlangen. Zum Schadenersatz ist er nur verpflichtet, wenn er die Erbschaft in der Absicht, den Nacherben zu benachteiligen, vermindert oder unentgeltliche Verfügungen vorgenommen hat.

II. Mit dem Eintritt des Falls der Nacherbfolge fällt die Erbschaft dem Nacherben an und tritt dieser ohne weiteres in die Erbenstellung ein. Es bedarf also nicht erst der Herausgabe der Erbschaft. Damit büßt der Vorerbe zugleich seine Erbenstellung ein, so daß er möglicherweise Erbschaftsbesitzer wird. Er verliert mit diesem Zeitpunkt natürlich auch die Verfügungsmacht. Aber die von ihm in Unkenntnis vom Eintritt der Nacherbfolge vorgenommenen Verfügungen werden im Interesse gutgläubiger Dritter und des Vorerben selbst so behandelt, wie wenn der Vorerbe noch Erbe wäre. Eine weitere Folge des Eintritts der Nacherbfolge ist die Wiederaufhebung der durch den Erbfall eingetretenen Konfusionen. Und zwar handelt es sich in diesem Fall nicht um eine bloße Fiktion, sondern um die wirkliche Wiederherstellung der erloschenen Rechtsverhältnisse.

III. Gegenstand der Nacherbfolge ist entweder die ganze Erbschaft oder der vom Erblasser bestimmte Erbteil. Zweifel über den Umfang des Rechts des Nacherben schneidet im letzteren Fall die Vorschrift ab, daß sich das Recht des Nacherben im Zweifel auch auf den dem Vorerben im Weg der Anwachsung oder Ersatzberufung zugefallenen Teil erstreckt, dagegen nicht auf ein ihm zugewandtes Vorausvermächtnis (§ 2110). Darauf, daß ihm von der Erbschaft überhaupt etwas verbleibe, hat der Vorerbe kein Recht; das BGB. kennt die Quarta Trebelliana ebensowenig wie die Falcidia.

IV. Durch die Verwaltungshandlungen des Vorerben kann die Erbschaft Veränderungen erleiden. Die Gefahr einer Verminderung sucht das Gesetz dadurch zu vermeiden, daß es in gewissem Umfang eine Surrogation eintreten läßt. Zur Erbschaft gehört — und ist daher dem Nacherben herauszugeben — nämlich alles, was der Vorerbe auf Grund eines zur Erbschaft gehörigen Rechts oder als Ersatz für die Zerstörung, Beschädigung oder Entziehung eines Erbschaftsgegenstandes oder mit Mitteln der Erbschaft durch ein Rechtsgeschäft erwirbt, soweit sich der Erwerb nicht als eine dem Vorerben gebührende Nutzung herausstellt. Mag also an diesen Gegenständen der Vorerbe auch das Eigentum erworben haben: dieses geht mit dem Eintritt der Nacherbfolge auf den Nacherben über, als ob diese Gegenstände vom Erblasser herrührten. Hier haben wir also eine wirkliche dingliche Surrogation. Dies ergibt sich daraus, daß diese Surrogation nicht im Zusammenhang mit einem bloßen Herausgabeanspruch, sondern bei Regelung des Rechtes des Nacherben an der Erbschaft durchgeführt ist. Und sie bereitet auch weder praktische noch konstruktive Schwierigkeiten, da der Vorerbe durch den Erwerb zunächst Eigentümer geworden ist, dieses Eigentum aber dann mit anderem Eigentum auf den Nacherben übergeht.

V. In bezug auf die rechtliche Stellung des Nacherben ist noch zu bemerken: Vor dem Eintritt der Nacherbfolge hat der Nacherbe nur eine vererbliche Anwartschaft auf die Erbschaft. Dies ist zwar kein eigentliches subjektives Recht, aber eine Rechtslage, und zwar eine gegenwärtige Rechtslage. Nach dem Eintritt des Nacherbfalls ist dagegen der Nacherbe Erbe und finden auf ihn alle für den Erben geltenden Vorschriften Anwendung. Dies ist freilich nicht unbestritten. Unter dem Erben verstehen wir den unmittelbaren Rechtsnachfolger des Erblassers. Es fragt sich, ob der Nacherbe überhaupt als Rechtsnachfolger des Erblassers bezeichnet werden kann und nicht vielmehr Rechtsnachfolger des Vorerben ist. Letzteres wäre zweifellos der Fall, wenn der Erwerb der Erbenstellung durch den Nacherben auf einer Restitutionserklärung des Vorerben beruhte. Das trifft zwar, wie wir gesehen haben, für das heutige Recht nicht zu; aber doch geht die Erbschaft nicht so auf den Nacherben über, wie sie beim Erblasser gewesen ist, sondern in der Gestalt, die sie durch die Verwaltung des Vorerben gewonnen hat, wenn auch dieser in der Verfügung über den Nachlaß im Interesse des Nacherben beschränkt ist. Trotzdem wäre es verkehrt, den Vorerben als den Rechtsvorgänger des Nacherben aufzufassen, wenn dies auch oft genug geschehen ist; denn wenn auch ein Nacherbe nicht ohne einen Vorerben denkbar ist und diesen insofern voraussetzt, so erlangt er doch die Erbenstellung nicht auf Grund des Erbrechts des Vorgängers, sondern trotz diesem; es liegt hier einer der Fälle vor, die die moderne Rechtswissenschaft als Rechtsverdrängung der Rechtsnachfolge entgegensetzt. Der Vorerbe überträgt nicht seine Erbenstellung auf den Nacherben, sondern er verliert sie, weil der Nacherbe in sie eintritt. Insofern dagegen dieser Eintritt des Nacherben in die Erbenstellung auf dem Willen des Erblassers beruht und das Vermögen des Erblassers zum Gegenstand hat, kann er als Rechtsnachfolger des Erblassers betrachtet werden. Diese Auffassung wird auch allein dem Umstand gerecht, daß die Berufung des Nacherben zur Erbschaft nicht davon abhängig ist, daß der Vorerbe zur Erbschaft gelangt. Auch die Zivilprozeßordnung betrachtet den Nacherben nicht als Rechtsnachfolger des Vorerben, wenn sie ihn auch einem Rechtsnachfolger gleich behandelt. Aber freilich ist gegenüber dem Erblasser die Rechtsnachfolge des Nacherben auch nicht in jeder Beziehung normal gestaltet.

VI. Es ist schließlich noch die Frage zu erörtern, wie sich im Fall der Nacherbfolge die Haftung für die Nachlaßverbindlichkeiten gestaltet (§§ 2144ff.). Hier ist zu sagen: Der Vorerbe ist zunächst Erbe und haftet als solcher den Nachlaßgläubigern. Und er bleibt ihnen haftbar, wenn er die beschränkte Haftung verwirkt. Denn er hat dann nicht das Recht, die Nachlaßgläubiger auf den — nicht mehr in seiner Hand befindlichen — Nachlaß zu verweisen und ihre Befriedigung aus seinem eigenen Vermögen zu verweigern. Abgesehen von diesem Fall haftet der Vorerbe für die Nachlaßverbindlichkeiten noch insoweit, als der Nacherbe nicht haftet, also vor allem für Vermächtnisse und Auflagen, die ihm allein auferlegt sind, sowie für Verbindlichkeiten, die infolge der beschränkten Haftung des Nacherben unerfüllt bleiben, dagegen nicht für solche, deren Zwangseintreibung erfolglos blieb. Seine

Haftung bleibt aber vor allem auch für solche Verbindlichkeiten bestehen, die im Verhältnis zwischen dem Vor- und dem Nacherben dem ersteren zur Last fallen, also für die Forderungen aus seinen für die Erhaltung der Nachlaßgegenstände eingegangenen Rechtsgeschäften u. a. m. Er kann aber, sofern er nicht die beschränkte Haftung eingebüßt hat, die Befriedigung dieser Nachlaßgläubiger insoweit verweigern, als dasjenige nicht ausreicht, was er von der Erbschaft behält. Aber auch der Nacherbe haftet natürlich den Nachlaßgläubigern, sobald er in die Erbenstellung eingetreten ist, und zwar, wie der Vorerbe, beschränkbar, aber mit der Gefahr der unbeschränkbaren Haftung; nur tritt für ihn an die Stelle des Nachlasses, was er aus der Erbschaft erlangt, mit Einschluß der ihm gegen den Vorerben zustehenden Ansprüche. Auch für ihn gelten die Vorschriften über die Inventarerrichtung; doch kommt ihm ein vom Vorerben errichtetes Inventar zustatten, so daß er gegen die Gefahr, die Mittel der Haftungsbeschränkung zu verlieren, geschützt ist. Und vor allem kann er sich gegenüber dem Vorerben, wenn dieser als Nachlaßgläubiger ihm gegenüber auftritt, auf die Beschränkung seiner Haftung auch dann berufen, wenn er den übrigen Nachlaßgläubigern gegenüber die beschränkte Haftung verwirkt hat.

2. Mehrheit von Erben.

§ 25.

Nach römischem und gemeinem Recht begründete der Erbfall unter mehreren gleichzeitig zur Erbschaft berufenen Personen, den Miterben, eine Rechtsgemeinschaft zu ideellen Teilen, die als communio incidens (im Gegensatz zu der auf Vertrag beruhenden societas) bezeichnete Erbengemeinschaft. Gegenstand dieser Gemeinschaft waren die Erbschaftsgegenstände, soweit eine Gemeinschaft an ihnen überhaupt denkbar war, d. h. vor allem die Erbschaftssachen. Forderungen und Schulden fielen dagegen aus der Erbengemeinschaft heraus und waren ipso jure geteilt. Das BGB. hat die communio juris des römischen Rechts durch die Gesamthand des deutschen Rechts ersetzt, wenn auch mit nicht unerheblichen Änderungen. Diese Gesamthand, die uns im Recht des BGB. außer bei der Erbengemeinschaft auch bei der ehelichen Gütergemeinschaft und der Gesellschaft begegnet, beruht nicht, wie die römische communio, auf dem Gedanken der Teilung des Rechts bei Ungeteiltheit des Gegenstandes, sondern auf der ungeteilten und eben gerade insofern *gemeinsamen* Berechtigung mehrerer an dem Gegenstand des Rechts, so daß die Ausübung des Rechtsinhalts den Gemeinschaftern nur gemeinsam zusteht und jeder für sich allein als ein Nichtberechtigter erscheint.[1]) Deshalb kann der einzelne nicht selbständig über einen Anteil an dem gemeinsamen Gegenstand verfügen und darf er auch in tatsächlicher Beziehung nur gemeinsam mit seinen Genossen auf den gemeinsamen Gegenstand einwirken. Und da diese Gesamthandsverhältnisse grundsätzlich dauernden Zwecken dienen, verbindet sich mit diesem ein anderer Grundsatz, der an sich nichts mit der Ungeteiltheit der Berechtigung zu tun hat: solange das sog. Grundverhältnis unter den Gemeinschaftern erhalten bleibt, um dessen willen die Gesamthand an den gemeinsamen Gegenständen besteht, ist keiner der Genossen berechtigt, Teilung zu verlangen. Ein solches Grundverhältnis fehlt allerdings bei der Erbengemeinschaft; sie ist nicht die Folge eines anderweitigen Rechtsverhältnisses, sondern knüpft sich unmittelbar an die Berufung zur Erbschaft an und ist nicht auf die Dauer angelegt, sondern soll, sobald wie möglich, aufgehoben werden. Damit hängt es zusammen, daß das Gesamthandsprinzip hier nur unvoll-

---

[1]) Meine frühere, individualistische Konstruktion der Rechtsgemeinschaft zur gesamten Hand (Rechtsstellung des Erben III, S. 6ff.) habe ich schon in meinem „Problem der juristischen Persönlichkeit“ fallen gelassen.

ständig durchgeführt ist: die Miterben sind stets berechtigt, die Auseinandersetzung des Nachlasses zu verlangen.

I. Durch den Erbfall wird der Nachlaß gemeinschaftliches Vermögen der Miterben (§ 2032). Als Gegenstand dieser Gemeinschaft ist zwar der Nachlaß in seiner Gesamtheit gedacht, aber da dieser Nachlaß kein einheitliches Rechtsobjekt ist, so ist diese Gemeinschaft nur in der Weise denkbar, daß die einzelnen Nachlaßgegenstände gemeinschaftlich sind. An ihnen hat der einzelne Erbe aber nicht ein selbständiges Teilrecht, und man darf sich vor allem nicht durch die Ausdrucksweise des Gesetzes dazu verleiten lassen, ein solches anzunehmen. Vielmehr beruht der Satz, daß der Erbe nicht über seinen Anteil an ihnen verfügen kann (§ 2033 II), eben darauf, daß er einen selbständigen Anteil an den Nachlaßgegenständen überhaupt nicht hat. Alle Nachlaßbestandteile sind vielmehr den Erben ungeteilt gemeinschaftlich; dagegen die Nachlaßschulden sind nicht gemeinschaftlich (eine Schuldengemeinschaft gibt es überhaupt nicht), sondern die Miterben haften den Nachlaßgläubigern als Gesamtschuldner (§ 2058).

II. Im einzelnen gilt folgendes: Über die einzelnen Nachlaßgegenstände können die Miterben nur gemeinschaftlich verfügen (§ 2040 I). Daher kann ein Miterbe auch nicht selbständig über Nachlaßgegenstände prozessieren, also weder klagen noch verklagt werden. Daher kann ferner gegen eine zum Nachlaß gehörige Forderung der Schuldner nicht eine ihm gegen einen einzelnen Miterben zustehende Forderung aufrechnen (§ 2040 II) und kann ein Gläubiger eines Miterben auch nicht versuchen, den Anteil des Miterben an einem einzelnen Nachlaßgegenstand zu pfänden. Folgerecht müßte auch die Einziehung von Nachlaßforderungen nur durch die Miterben gemeinschaftlich erfolgen können. Aber diese Folgerung zieht das BGB. nicht: Der Schuldner kann sich zwar nur durch Leistung an alle Miterben befreien; aber jeder Miterbe kann die Leistung an alle Miterben verlangen (§ 2039). Immerhin zeigt sich auch darin, daß der einzelne Erbe keine selbständige Teilforderung hat. Im Gegensatz zu den anderen Gesamthandsverhältnissen des BGB. kann aber bei der Erbengemeinschaft jeder Teilhaber über seinen Anteil am Nachlaß und sogar über einen bloßen Bruchteil dieses Anteils selbständig verfügen (§ 2035 I 1). Daher ist dieser Anteil auch ein mögliches Objekt für die Zwangsvollstreckung (ZPO. § 859). Gegenstand dieser Verfügung ist der Anteil des Miterben am Nachlaß im ganzen, d. h. m. a. W.: seine Berechtigung am Nachlaß, seine Teilhaberschaft, die sich vor allem in dem Anspruch auf einen Teil des Auseinandersetzungsergebnisses äußert. Von dieser Berechtigung am Nachlaß ist jedoch wohl zu unterscheiden die Erbberechtigung des Miterben, seine Rechtsstellung als Erbe, die man oft unrichtigerweise als sein subjektives Erbrecht bezeichnet, die aber in Wahrheit eine Rechtslage ist (heredem esse). Über diese Erbberechtigung kann der Miterbe nach richtiger Ansicht nicht verfügen. Sie ist von seinem Recht am Nachlaß ebenso verschieden, wie die Erbberechtigung des Alleinerben von seinem Recht am Nachlaß, wenn dieses auch nur auf jener beruht. Der Miterbe bleibt also, auch wenn er seinen Anteil veräußert hat, Erbe des Erblassers; er scheidet nur aus der Erbengemeinschaft, d. h. aus dem Rechtsverhältnis am Nachlaß aus. Daher bleibt der Miterbe, der über seinen Anteil verfügt hat, vor allem Schuldner der Nachlaßgläubiger; durch die Veräußerung seines Anteils wird sein Erbschein nicht unrichtig, und der Erwerber des Anteils wird umgekehrt nicht Erbe, tritt durchaus nicht in die Erbenstellung ein und kann daher auch keinen Teilerbschein verlangen. Diese Verfügung des Miterben über seinen Anteil bedarf der gerichtlichen oder notariellen Beurkundung (§ 2033 I 2). Der Erwerber des Anteils tritt mit dem Abschluß des abstrakten Verfügungsgeschäftes in die Erbengemeinschaft ein, ohne daß es einer besonderen Übertragung der einzelnen Nachlaßgegenstände bedürfte. Dieser Eintritt eines Dritten in die Erbengemeinschaft kann den Miterben des Veräußerers lästig sein. Deshalb gewährt das BGB. für den Fall, daß der Erbe seinen Anteil verkauft, seinen Miterben das Vorkaufsrecht (§§ 2034—2038). Dadurch erlangen sie die Möglichkeit, einen unwillkommenen Genossen von sich fernzuhalten. — Die Verwaltung des Nachlasses steht den Miterben gemeinsam zu. Jede einzelne Verwaltungshandlung bedarf also der Mitwirkung sämtlicher Miterben; doch ist jeder Miterbe den anderen zur Mitwirkung verpflichtet, soweit die fragliche Handlung zur ordnungsmäßigen Verwaltung erforderlich ist. Die zur Erhaltung des Nachlasses dienenden Maßregeln kann sogar jeder Miterbe selbständig treffen (§ 2038). Von besonderer Bedeutung ist natürlich die Auseinandersetzung; sie ist im Grunde der Endzweck dieser ganzen Gemeinschaft, und dadurch unterscheidet sie sich sehr wesentlich von anderen Gesamthandsverhältnissen. Bei der Gesellschaft wie bei der Gütergemeinschaft ist keiner der Gesamthänder, solange das Grundverhältnis dauert, berechtigt, Teilung zu verlangen, und dieses Grundverhältnis ist auf die Dauer angelegt; aber freilich hat nach der Aufhebung des Grundverhältnisses, die das Gemeinschaftsverhältnis ja nicht ohne weiteres zerstört, die Auseinandersetzung stattzufinden. Bei der Erbengemeinschaft heißt es dagegen: jeder Miterbe kann jederzeit die Auseinandersetzung verlangen (§ 2042). Es ist daher zunächst zu fragen, wie sich die Auseinandersetzung begrifflich zur Teilung verhalte. Die Antwort lautet: Erstere ist im Vergleich mit der letzteren der kompliziertere Begriff; wenn das BGB. von Teilung spricht (§§ 749ff.), so versteht es darunter die Aufhebung der Gemeinschaft an einem einzelnen Vermögensstück durch Real- oder Wertteilung. Die Auseinandersetzung dagegen ist ein geordnetes Verfahren, bei dem es sich stets um die Beendigung einer Vermögensgemeinschaft handelt: dabei sind zunächst die Rechte Dritter zu berücksichtigen, also vor allen die Schulden zu berichtigen und nur der nach Erledigung dieser Aufgabe verbleibende Überschuß ist unter die Gemeinschafter zu verteilen; erst dann also finden die Vorschriften über die Teilung Anwendung. Wenn daher das Gesetz dem Miterben das Recht gewährt, die Auseinandersetzung zu verlangen, so liegt darin zugleich, daß er die Teilung nicht verlangen kann. Gegenstand dieser Auseinandersetzung ist der Nachlaß, wie er sich seit dem Erbfall durch die Verwaltung und Verfügung der Miterben gestaltet hat. Der Nachlaß ist ja ein Sondervermögen, das der nachträglichen Veränderung, Verminderung, Vergrößerung, Ergänzung fähig ist. Dies kommt vor allem zum Ausdruck in dem Surrogationsprinzip: was auf Grund eines zum Nachlaß gehörigen Rechtes oder als Ersatz für die Zerstörung, Beschädigung oder Entziehung eines Nachlaßgegenstandes oder durch ein Rechtsgeschäft erworben wird, das sich auf den Nachlaß bezieht, gehört zum Nachlaß; d. h. ist Gegenstand der Auseinandersetzung, auch wenn es nach allgemeinen Grundsätzen vielleicht einem einzelnen Miterben erworben sein würde (§ 2041). Dieses Recht der Auseinandersetzung ist jedoch in besonderen Fällen ausgeschlossen oder beschränkt (§§ 2043—2045).

III. Bei der Auseinandersetzung sind unter Umständen Vorempfänge der Miterben aus dem Vermögen des Erblassers zu berücksichtigen. (Ausgleichungspflicht, Kollation). Das Institut der Ausgleichung stammt aus dem römischen Recht und hat schon dort große Wandlungen durchgemacht. Die allgemeine Deszendentenkollation, die sich von der älteren Kollation sehr erheblich unterscheidet, beruht im justinianischen Recht auf dem Gedanken, daß der Erblasser alle seine Abkömmlinge mit gleicher Liebe umfasse, weshalb anzunehmen sei, daß er gewisse Zuwendungen, die er ihnen unter Lebenden gemacht habe, auf ihren späteren gesetzlichen Erbteil angerechnet wissen wollte. Mit diesem Grundgedanken hängt es zusammen, daß sich die Kollation bei der Intestaterbfolge der Deszendenten entwickelt hat und grundsätzlich eine Ergänzung dieser Erbfolge geblieben ist. Das BGB. (§§ 2050ff.) steht auf demselben Standpunkt: Die Kollation bezweckt die Ausgleichung der durch Vorausempfangenes gegenüber der Gleichheit der gesetzlichen Erbteile entstandenen Ungleichheit des Erwerbs aus dem elterlichen Vermögen und tritt daher auch hier grundsätzlich nur bei der gesetzlichen Erbfolge der Abkömmlinge ein; bei der testamentarischen Erbfolge nur dann, wenn die Abkömmlinge gerade auf dasjenige eingesetzt sind, was sie bei der gesetzlichen Erbfolge erhalten hätten, oder ihre Erbteile so bemessen sind, daß sie zueinander in demselben Verhältnis stehen wie die gesetzlichen Erbteile (§§ 2050, 2052). Deshalb spricht das Gesetz von Ausgleichung. Der Ausgleichungspflicht unterliegen aber nur gewisse Zuwendungen. Gesetzlich vorgeschrieben ist sie nur bei Zuwendungen, die der Erblasser bei seinen Lebzeiten einem Abkömmling gemacht hat, wenn sich nach der Meinung des Gesetzes annehmen läßt, daß sie einen Vorausempfang aus dem Nachlaß bilden und daher bei Berechnung dessen, was dem Empfänger aus dem Nachlaß zustand, berücksichtigt werden sollte. Deshalb ist zur Ausgleichung zu bringen: was die Abkömmlinge vom Erblasser als Ausstattung erhalten haben; Zuschüsse, die vom Erblasser zu dem Zweck gegeben waren, als Einkünfte verwendet zu werden, und Aufwendungen auf die Vorbildung zu einem Beruf, jedoch nur so weit, als sie das den Vermögensverhältnissen des Erblassers entsprechende Maß überstiegen (§ 2050). Da die Ausgleichungspflicht in diesen beiden Fällen auf dem vermutlichen Willen des Erblassers beruht, so entfällt sie, wenn sie der Erblasser bei der Zuwendung ausgeschlossen hat. Andere Zuwendungen sind nur dann zur Ausgleichung zu bringen, wenn dies der Erblasser bei der Zuwendung angeordnet hat (§ 2050 III). Diese Ausgleichungspflicht setzt jedoch voraus, daß der Empfänger gesetzlicher Erbe des Erblassers gewesen wäre, wenn der Zeitpunkt der Erbfolge mit dem Zeitpunkt der Zuwendung zusammengefallen wäre. Daher unterliegt eine Zuwendung an einen Abkömmling, der zur Zeit der Zuwendung durch einen näheren Abkömmling von der Erbfolge ausgeschlossen war, der aber zur Zeit des Erbfalls gesetzlicher Erbe geworden ist, ebensowenig der Ausgleichung wie eine Zuwendung an eine Person, die die rechtliche Stellung eines Abkömmlings erst nach der Zuwendung, z. B. durch Adoption oder Legitimation erhalten hat (§ 2053). Aber in diesen Fällen kann der Erblasser immerhin die Ausgleichung anordnen. Diesen Fällen stehen andere gegenüber, in denen ein Erbe eine Zuwendung zu verrechnen hat, die nicht er selbst, sondern ein später weggefallener Abkömmling des Erblassers erhalten hat, an dessen Stelle er getreten ist (§ 2051). Endlich haben Abkömmlinge die Zuwendungen der genannten Art nur untereinander zu konferieren (§ 2050 I). Die Ausgleichung kommt also nicht auch dem neben den Abkömmlingen zur Erbschaft berufenen Ehegatten des Erblassers und ebensowenig dem Dritten zugute, der einen Bruchteil der Erbschaft durch letztwillige Verfügung erhält. Die Durchführung der Ausgleichung erfolgt bei der Auseinandersetzung in der Weise, daß zunächst der Wert aller der Ausgleichung unterliegenden Zuwendungen festzustellen ist, wobei entsprechend dem Grundgedanken der Einrichtung der Zeitpunkt der Zuwendung maßgebend ist. Der Gesamtwert der Zuwendungen wird sodann dem Nachlaß bzw. der Masse zugerechnet, die von dem Nachlaß den ausgleichsberechtigten Miterben zukommt. Daraus werden die einzelnen Erbteile berechnet und dabei der Wert der dem einzelnen zugefallenen Zuwendung auf seinen Anteil angerechnet (§ 2055). Hat ein Erbe durch die Zuwendung mehr erhalten, als ihm auf Grund dieser Berechnung aus dem Nachlaß gebührte, so ist er zur Herausgabe des Mehrbetrages nicht verpflichtet. Er nimmt dann an der Auseinandersetzung einfach nicht teil; bei der Verteilung des Nachlasses unter die übrigen Miterben soll vielmehr der Wert der Zuwendung und der Erbteil dieses Miterben außer Ansatz bleiben (§ 2056). Von den Einzelheiten ist hier nicht zu handeln. Dagegen ist noch über die rechtliche Natur der Ausgleichung zu bemerken: obwohl das BGB. von einer Verpflichtung zur Ausgleichung spricht, so handelt es sich dabei doch keineswegs um ein rein obligatorisches Rechtsverhältnis unter den Miterben, ebensowenig freilich um eine Verschiebung der Anteilsberechtigung der Miterben am Nachlaß. Die Ungereimtheit dieser letzten Auffassung zeigt sich in ihren Folgerungen: wenn von zwei Miterben der eine unter Berücksichtigung der

Ausgleichspflicht des anderen die ganze Erbschaft, der andere gar nichts erhält, so müßte eine Erbengemeinschaft unter ihnen gar nicht bestanden haben und müßten daher alle Verwaltungshandlungen, die der Ausgleichungspflichtige in bezug auf den Nachlaß vorgenommen hatte, als die eines Nichtberechtigten unwirksam sein. Der Berufungstatbestand hätte also überhaupt nicht die Folge gehabt, den Empfänger zum Erben des Erblassers zu machen, denn ein Erbe ohne Berechtigung am Nachlaß ist ein Widerspruch in sich selbst. Es kann aber, wie schon das BGB. ersehen läßt, weder eine Verschiebung der Erbberechtigung als solcher[1]) noch auch der Anteilsberechtigung am Nachlaß[2]) in Frage kommen. Denn das BGB. spricht von einer Verpflichtung zur Ausgleichung. Diese besteht freilich nicht in einer rein persönlichen Beziehung unter den Miterben, sondern in einer aktiv und passiv an die Anteilsberechtigung am Nachlaß gebundenen Obligation, wie sich darin zeigt, daß der Ausgleichungsanspruch bei der Auseinandersetzung geltend zu machen ist und nur bei der Auseinandersetzung erfüllt werden kann[3]). Ebenso wie das Recht auf Auseinandersetzung ist auch das Recht auf Ausgleichung ein Anspruch; aber er ist akzessorisch in dem Sinn, daß er von der Anteilsberechtigung untrennbar ist.

IV. Besonderes Interesse beansprucht die Regelung der Haftung der Miterben für die Nachlaßverbindlichkeiten. Wie wir gesehen haben, haftet der Alleinerbe den Nachlaßgläubigern grundsätzlich unbeschränkt, kann aber die beschränkte Haftung durch besondere Maßnahmen herbeiführen; er verwirkt diese Möglichkeit durch Versäumung der Inventarfrist. Dieser Grundgedanke der Erbenhaftung ist freilich vom Gesetzgeber nicht mit der nötigen Klarheit herausgestellt worden, so daß es lange zweifelhaft bleiben konnte, ob im BGB. nicht die grundsätzlich beschränkte Haftung durchgeführt sei. Für diese Auffassung hat man sich auch auf die Regelung berufen, die das Gesetz der Haftung der Miterben angedeihen läßt (§§ 2058—2060). Und in der Tat scheint dieses Argument durchzuschlagen: denn während beim Alleinerben jedenfalls nicht unmittelbar gesagt ist, daß er grundsätzlich beschränkt hafte, ist nach dem Wortlaut des Gesetzes (§ 2059) „jeder Miterbe berechtigt, die Berichtigung von Nachlaßverbindlichkeiten aus seinem eigenen Vermögen zu verweigern“, so daß also hier wenigstens zunächst beschränkte Erbenhaftung zu gelten scheint. Und zwar liegt es nahe, besonderes Gewicht darauf zu legen, daß ihm diese Einrede in bezug auf den seinem Erbteil entsprechenden Teil der Verbindlichkeit dann nicht zusteht, wenn er für die Nachlaßverbindlichkeit im Sinne des Gesetzes „unbeschränkt“ haftet, d. h. die Inventarfrist versäumt hat (§ 2059 I 2). Aber freilich, so bestechend diese Argumentation ist, so kann doch dagegen eingewendet werden, daß es sich bei diesem Verweigerungsrecht nicht um eine Folge aus dem allgemeinen Haftungsprinzip, sondern um eine Abweichung davon handelt, die durch die Gestaltung der Erbengemeinschaft als Gesamthand praktisch geboten ist. Weil nämlich die Erben über den Nachlaß nur gemeinsam verfügen können, dem einzelnen Miterben daher die Verfügung über die einzelnen Nachlaßgegenstände entzogen ist, ist er auch nicht in der Lage, solange der Nachlaß noch gemeinschaftliches Vermögen der Miterben ist, Nachlaßwerte zur Befriedigung der Gläubiger zu verwenden; würde daher das allgemeine Haftungsprinzip auch hier gelten, so wäre der in Anspruch genommene einzelne Erbe gar nicht in der Lage, sich des Nachlasses zur Befriedigung der Gläubiger zu bedienen, sondern müßte den

---

1) So meine Rechtsstellung des Erben III, S. 176 ff. 185 f.

2) So Strohal, Erbrecht, II, S. 128ff.; Binder, Arch. f. b. Recht, Bd. 34, S. 239.

3) Ich habe diese Auffassung schon im Jur. Literaturblatt 1912 (Bd. 24), S. 147, bei einer Besprechung von Leonhards Kommentar zum Erbrecht vertreten, was aber unbeachtet geblieben ist. Unklar ist vor allem Endemann, Erbrecht, II, S. 1057 bei Anm. 5, der von einer „Gebundenheit zur Duldung“ spricht, aber eine „schuldrechtliche Leistungspflicht“ ablehnt und die Ausdrucksweise des Gesetzes („verpflichtet zur Ausgleichung zu bringen“) als irreführend bezeichnet.

Zugriff auf sein eigenes Vermögen dulden, zumal die Nachlaßverwaltung als das regelmäßige Mittel der Nachlaßsequestration nur von sämtlichen Erben gemeinschaftlich beantragt werden kann (§ 2062). Diese Schwierigkeit soll die genannte Einrede vermeiden. Deshalb soll dieses Verweigerungsrecht auch nur bis zur Teilung des Nachlasses gelten, also eine dilatorische Einrede sein, während die Einrede der beschränkten Haftung beim Alleinerben zeitlich nicht beschränkt ist. Die Einrede wäre also nicht als Einrede der beschränkten Haftung, sondern des noch ungeteilten Nachlasses zu bezeichnen. Es kommt dazu, daß in folge des bei der Erbengemeinschaft durchgeführten Gesamthandsprinzips der Nachlaß in höherem Maße gegenüber dem Vermögen der Erben seine Selbständigkeit bewahrt und mithin auch in höherem Maße den Gläubigern gesichert ist: man könnte insofern von einer Quasisequestration des Nachlasses sprechen; dann begreift es sich, daß der Miterbe das Verweigerungsrecht während des Bestehens der Gesamthand hat und es, wie e contrario zu schließen ist, durch die Aufhebung der Gesamthand verliert. Ein Schluß aus dieser Regelung auf die Haftung des Alleinerben ist deshalb unangebracht.

Wie bereits angedeutet wurde, sind bei der Haftung der Miterben für die Nachlaßverbindlichkeiten verschiedene Stadien zu unterscheiden: die Haftung vor und nach der Teilung des Nachlasses und die beschränkte und unbeschränkte Haftung (in dem Sinne, den das BGB. mit diesen Ausdrücken verbindet). Nicht zu verwechseln mit dem Gegensatz von beschränkter und unbeschränkter Haftung ist der zwischen geteilter und Gesamthaftung; letzterer bezieht sich auf das „Wofür" der Haftung, ersterer auf das „Womit" der Haftung. Es ergeben sich dadurch vier Variationen: beschränkte Teilhaftung, unbeschränkte Teilhaftung; beschränkte Gesamthaftung, unbeschränkte Gesamthaftung.

Als Grundlage der Erbenhaftung stellt das BGB. den Satz auf: Die Erben haften für die gemeinsamen Nachlaßverbindlichkeiten als Gesamtschuldner[1]). Es gilt also nicht das Prinzip des römischen Rechts: nomina ipso jure divisa sunt. Diese Neuerung beruht auf praktischen Erwägungen: der Gläubiger soll nicht genötigt sein, jeden einzelnen Erben nach Verhältnis seines Erbteils zu belangen und nicht Gefahr laufen, infolge der Zahlungsunfähigkeit eines Erben einen Ausfall zu erleiden, obwohl der Nachlaß zu seiner Befriedigung ausreichen würde. Infolgedessen kann der Gläubiger seine Forderung grundsätzlich in ihrem ganzen Betrag gegen jeden einzelnen Miterben geltend machen, und dieser ist als Gesamtschuldner auf die Ausgleichung gegenüber seinen Miterben verwiesen (vgl. § 426). Dieser Grundgedanke wird aber im einzelnen nur mit gewissen Modifikationen durchgeführt, vor allem kommt es darauf an, ob der Anteil des Erben am Nachlaß oder sein sonstiges Vermögen in Anspruch genommen wird.

1. Beschränkte Haftung. Ich verstehe darunter hier das, was das Gesetz unter beschränkter Haftung versteht, also die Haftung vor Versäumung der Inventarfrist, die beschränkbare Haftung. Solange der Nachlaß noch nicht geteilt ist, d. h. die Erbengemeinschaft noch besteht, ist jeder Miterbe berechtigt, die Berichtigung einer Nachlaßverbindlichkeit aus seinem eigenen Vermögen zu verweigern (§ 2060). Er haftet also als Gesamtschuldner für den ganzen Betrag jeder Nachlaßverbindlichkeit, aber er haftet, wenn auch nur einredeweise, nur mit seinem Anteil am Nachlaß. Diese Einrede setzt jedoch voraus, daß der Erbe die beschränkte Haftung nicht eingebüßt hat. Nach der Teilung muß, sofern das Vorgetragene richtig ist, das Gegenteil von dem gelten, was für die Zeit vor der Teilung gilt; das Gesetz sagt aber nichts davon. Im Gegenteil: denn nach ihm tritt mit der Teilung nicht an die Stelle der beschränkten die unbeschränkte Haftung, sondern wenigstens gegen-

[1]) Auch darin spricht sich, obwohl die Vorschrift sich auf das „Wofür" der Haftung bezieht, mittelbar die unbeschränkte Haftung aus. Denn bei beschränkter Haftung müßte die Gestaltung der Erbengemeinschaft als Gesamthand dazu führen, daß der einzelne Erbe zunächst überhaupt nicht haften würde.

über gewissen Gläubigern an die Stelle der Gesamthaftung die Teilhaftung (§ 2060). Aber das darf nicht mißverstanden werden. Die beiden Vorschriften stehen zueinander nicht in diesem gegensätzlichen Verhältnis. Vielmehr ist, was für die Zeit nach der Teilung grundsätzlich gilt, aus dem für die Zeit vor der Teilung Gesagten durch Umkehrschluß zu entnehmen: der einzelne Miterbe darf nach der Teilung die Befriedigung eines Gläubigers aus seinem Eigenvermögen nicht mehr so schlechthin verweigern; er hat nicht mehr die Einrede des ungeteilten Nachlasses. Das betrachtet das Gesetz als selbstverständlich. Und außerdem tritt noch eine weitere Folge ein, nämlich: wenn ein Gläubiger im Aufgebotsverfahren ausgeschlossen ist, so haftet ihm gegenüber der einzelne Miterbe nur für den seinem Erbteil entsprechenden Teil seiner Forderung. Das Aufgebot erstreckt sich hier auch auf die Pflichtteilsberechtigten, Vermächtnisnehmer und Auflagenempfänger sowie auf die Gläubiger, denen gegenüber der Erbe die beschränkte Haftung verwirkt hat. Dasselbe gilt, wenn sich ein Gläubiger mit seiner Forderung verschwiegen hat. Ebenso, wenn statt des Aufgebotsverfahrens eine außergerichtliche Aufforderung der Nachlaßgläubiger zur Anmeldung ihrer Forderungen stattgefunden hat (darüber § 2061), und wenn der Nachlaßkonkurs durchgeführt und durch Verteilung der Masse oder Zwangsvergleich beendet ist. In diesen vier Fällen also verwandelt sich gegenüber den in Frage kommenden Gläubigern die Gesamthaftung in Teilhaftung.

2. Unbeschränkte Haftung. Haben die Miterben die Inventarfrist versäumt oder absichtlich ein unvollständiges Inventar errichtet, so tritt die Rechtsstellung ein, die das BGB. als unbeschränkte Haftung bezeichnet, die wir aber besser als unbeschränkbare Haftung bezeichnen würden. Sie hat bei der Erbengemeinschaft folgende Bedeutung: Nunmehr haftet definitiv neben dem Nachlaß auch das eigene Vermögen der Miterben; sie sind daher nicht mehr berechtigt, die Befriedigung der Nachlaßgläubiger aus diesem zu verweigern. Entsprechend dem Prinzip der Gesamthaftung müßten sie daher sowohl mit ihrem Anteil am Nachlaß wie mit ihrem sonstigen Vermögen für jede Nachlaßverbindlichkeit insgesamt haften. Aber aus Billigkeitsgründen, die freilich jeder sachlichen Berechtigung entbehren, verwandelt das GB. jetzt die Gesamthaftung in Teilhaftung, soweit nicht der Nachlaß, sondern das eigene Vermögen der Erben in Betracht kommt (§ 2059 I 2). Nach der Teilung des Nachlasses haften die Miterben den Gläubigern in derselben Weise, jedoch den oben genannten Gläubigerkategorien überhaupt nur anteilsweise, also nicht nur in bezug auf ihr eigenes Vermögen, sondern auch in bezug auf ihren Anteil am Nachlaß. Vor der Teilung gilt also bei unbeschränkter Haftung teils Gesamt-, teils Teilhaftung. Nach der Teilung desgleichen; nur bei gewissen Gläubigern gilt dann überhaupt nur unbeschränkte Teilhaftung.

Das Ergebnis ist die unbeschränkte, aber beschränkbare Haftung, die grundsätzlich in derselben Weise durchgeführt ist wie beim Alleinerben. Änderungen erfährt in den Vorschriften über die Haftung der Miterben nur der Gedanke der Gesamthaftung, nicht der der beschränkten Haftung. Es ist dabei noch eines hervorzuheben: Wenn sich die Gesamthaftung in Teilhaftung verwandelt, so handelt es sich um eine ipso jure eintretende Minderung der Haftung; dagegen bei der beschränkten Haftung kommt nur eine Einrede in Frage.

Zur Herbei- und Durchführung der beschränkten Haftung stehen dem Miterben die gleichen Mittel zur Verfügung wie dem Alleinerben. Vor allem hat er also den Vorbehalt der beschränkten Haftung im Urteil und die Widerspruchsklage gegen eine darüber hinausgreifende Zwangsvollstreckungsmaßnahme; letztere natürlich unter der Voraussetzung, daß er die beschränkte Haftung herbeigeführt hat. Auch kann er die Nachlaßsequestration herbeiführen, die Einrede der Dürftigkeit des Nachlasses erheben usw. Ebenso ist jeder Miterbe zur Inventarerrichtung verpflichtet und kann ihm die Inventarfrist gesetzt werden; es ist daher möglich, daß der eine Miterbe unbeschränkt, der andere beschränkt haftet; doch kommt die richtige und rechtzeitige Errichtung des Inventars durch einen Miterben den übrigen zu statten, soweit sie nicht schon vorher die beschränkte Haftung verwirkt haben (§ 2063). — Wenn, wie gesagt, die Miterben die beschränkte Haftung in derselben Weise herbeizuführen haben wie der Alleinerbe, so gilt doch eine Besonderheit bei der Nachlaßverwaltung. Sie kann nämlich nur von allen Miterben gemeinsam beantragt werden und ist ausgeschlossen, wenn der Nachlaß geteilt ist (§ 2062). Dies bedeutet eine gewisse Benachteiligung der Erben, da die Nachlaßverwaltung normalerweise das einzige Mittel ist, die beschränkte Haftung herbeizuführen; die Miterben, die die Teilung des Nachlasses vorgenommen haben, haben gegenüber unberücksichtigt gebliebenen Nachlaßgläubigern kein Mittel mehr, ihre Haftung zu beschränken, sofern der Nachlaß nicht überschuldet ist.

Von der Haftung der Erben gegenüber den Nachlaßgläubigern ist das Innenverhältnis der Miterben in bezug auf die Nachlaßverbindlichkeiten zu unterscheiden. Bereits erwähnt wurde der Rückgriff des Miterben, dessen Gesamthaftung geltend gemacht worden ist, auf die anderen; daneben gilt noch die besondere Vorschrift, daß sich jeder Miterbe gegenüber dem anderen auf die beschränkte Haftung auch dann berufen kann, wenn er den anderen Nachlaßgläubigern unbeschränkt haftet (§ 2063 II). Ist also ein Miterbe zugleich Nachlaßgläubiger, so kann er die unbeschränkte Haftung seiner Miterben nicht geltend machen. Der Grund ist, daß er selbst als Miterbe in der Lage gewesen wäre, ein Inventar zu errichten und für eine ordnungsmäßige Bereinigung des Nachlasses Sorge zu tragen. — Auf die Unterscheidung von gemeinschaftlichen und nicht-gemeinschaftlichen Nachlaßverbindlichkeiten soll hier nicht näher eingegangen werden. Nur in bezug auf die ersteren ist noch eine Bemerkung veranlaßt: Der Gläubiger hat nämlich die Wahl, ob er den einzelnen Miterben auf Grund seiner Gesamthaftung oder die sämtlichen Miterben gemeinschaftlich belangen will. Beruft sich im ersteren Fall der belangte Erbe auf die beschränkte Haftung, so kann der Gläubiger nur den Anteil des Miterben am Nachlaß pfländen; auf Grund dieses Pfandrechtes kann er dann zwar nicht die Teilung verlangen, denn diese kann der Miterbe selbst nicht fordern, wohl aber die Auseinandersetzung, so daß er gleich den anderen Gläubigern an der Auseinandersetzung teilnimmt und, falls sich dabei die Überschuldung des Nachlasses herausstellt, auf die Konkursquote beschränkt wird. Dieser Weg ist daher dem Nachlaßgläubiger nicht zu empfehlen. Dagegen auf Grund eines gegen die sämtlichen Erben erwirkten Vollstreckungstitels kann der Gläubiger die einzelnen Nachlaßgegenstände pfänden und so den übrigen Nachlaßgläubigern wirksam zuvorkommen (ZPO. §§ 747, 795, 859).

3. Der Erbschaftsanspruch.

§ 26.

Es ist eine Folge der erbrechtlichen Gesamtnachfolge, daß alle Ansprüche, die in der Erbschaft enthalten sind, auf den Erben übergehen, und daß durch Vorenthaltung von Erbschaftsgegenständen und dergleichen neue Ansprüche des Erben gegen dritte Personen entstehen. Die gemeinrechtliche Lehre sprach hier im Anschluß an das römische Recht von Singularklagen; wir würden besser von Singularansprüchen reden, indem wir den Begriff der Klage aus dem Zivilrecht ausscheiden. Solche Ansprüche hat der Erbe z. B. gegen die Schuldner von Nachlaßforderungen, gegen die Besitzer von Nachlaßsachen, gegen die Beschädiger von solchen usw. Eine Erweiterung hat der Kreis der hierher gehörenden Ansprüche im Vergleich mit dem gemeinen Recht dadurch gefunden, daß nach dem Gesetzbuch der Besitz auf den Erben übergeht (§ 857). Setzt sich also nach dem Erbfall ein Dritter in den Besitz von Nachlaßsachen, so kommt dies einer Entziehung des Besitzes für den

Erben gleich; er hat daher auch im Gegensatz zum römischen Recht die Besitzklagen. Hatte die Entziehung des Besitzes schon gegenüber dem Erblasser stattgefunden, so standen schon nach römischem Recht die Besitzklagen dem Erben als vererbte Klagen zu. Diese Singularklagen dienen aber nicht zur Geltendmachung der Erbeneigenschaft als solcher, sondern nur der einzelnen durch den Erbfall vom Erben erworbenen Rechte. Er geht mit ihnen nicht als Erbe, sondern als Eigentümer, als Gläubiger usw. vor, wenn er diese Rechte auch nur als Erbe hat. Neben diesen Singularklagen kannte das römische Recht aber auch eine sogenannte Universalklage, die hereditatis petitio. Sie ging in der Ausdrucksweise des Pandektenrechts auf Anerkennung des Erbrechts und Herausgabe des aus der Erbschaft Erlangten an den Kläger, und zwar sowohl gegen den possessor pro herede, d. h. denjenigen Besitzer von Nachlaßstücken, der sich selbst das Erbrecht anmaßte, wie gegen den possessor pro possessore, der zwar nicht selbst Erbe zu sein behauptete, aber doch das Erbrecht des Klägers bestritt und deshalb die Herausgabe verweigerte. In dieser sogenannten Universalklage erblickte die gemeinrechtliche Lehre den Beweis für ihre Auffassung der Erbschaft als einer universitas juris, d. h. eines einheitlichen Rechtsobjekts trotz der Vielheit ihrer Bestandteile, an dem ein einheitliches subjektives Recht des Erben bestehe. Man hat dasselbe für das BGB. behauptet und daraus vor allem gewisse Folgerungen in bezug auf das Recht des Miterben am Nachlaß gezogen. Aber es leuchtet ein, daß diese ganze Argumentation verfehlt ist. Denn nicht die universitas als solche ist Gegenstand des Anspruchs, sondern nur diejenigen einzelnen Erbschaftsgegenstände, die der Beklagte besitzt; die Universalität und Besonderheit des Anspruchs äußert sich nicht im Gegenstand, sondern im Klaggrund, der eben das Erbrecht des Klägers ist. Das gilt auch für das BGB. Dieses hat die gemeinrechtliche hereditatis petitio unter dem Titel Erbschaftsanspruch nicht unerheblich umgestaltet, indem es den Anspruch nur gegen den possessor pro herede gewährt, was in gewissem Maße durch die Vererblichkeit des Besitzes ausgeglichen wird. Der Anspruch geht ferner ausschließlich auf Herausgabe, d. h. er ist ein reiner Leistungsanspruch geworden (§ 2018). Damit hat das BGB. der modernen Prozeßtheorie Rechnung getragen. Sie hat das Feststellungsmoment der gemeinrechtlichen Erbschaftsklage ausgeschieden und auf die Feststellungsklage der ZPO. überwiesen. Dies steht durchaus im Einklang damit, daß, wie im Eingang dieser Darstellung bemerkt wurde, das sogenannte subjektive Erbrecht überhaupt kein subjektives Recht ist, das durch eine Leistungsklage geltend gemacht werden könnte, sondern eine Rechtslage und als solche ein Rechtsverhältnis, das Gegenstand einer Feststellungsklage sein kann.

Der Erbschaftsanspruch des BGB. steht nur gegen den Besitzer von Erbschaftsgegenständen zu, der sich selbst das Erbrecht anmaßt (§ 2018). Er unterscheidet sich von den sogenannten Singularansprüchen nicht allein dadurch, sondern auch in den rechtlichen Konsequenzen, nämlich in bezug auf den Gegenstand des Anspruchs, die Einwendungen des Beklagten, den Beweis. Durch diese Besonderheiten ist der Beklagte teilweise günstiger, teilweise aber auch schlechter gestellt als gegenüber dem Singularanspruch. Daraus ergibt sich aber keineswegs, daß der Erbschaftsanspruch ein besonderer Anspruch neben den Singularansprüchen ist, wie die herrschende Lehre annimmt. Es sind aber im folgenden zunächst die genannten Besonderheiten zu erörtern und dann erst die rechtliche Natur des Erbschaftsanspruchs festzustellen.

1. Über die Parteien ist zu bemerken: Kläger ist der Erbe. Beklagter ist, wer etwas aus der Erbschaft auf Grund eines ihm nicht zustehenden Erbrechts erlangt hat (§ 2018). D. h. er muß sich in den Besitz von Nachlaßgegenständen gesetzt haben mit der Behauptung, daß er der Erbe sei. Nach dem Wortlaut des Gesetzes muß er etwas aus der Erbschaft erlangt haben und nach der herrschenden Lehre ist nicht erforderlich, daß er es noch habe. Aber dies ist nicht richtig. Er muß allerdings

nicht gerade das, was er erlangt hat, noch haben, vielmehr kann er dafür schadensersatzpflichtig sein oder ein Surrogat in Händen haben; aber er muß jedenfalls in diesem weiteren Sinne dem Erben etwas aus der Erbschaft vorenthalten und zu dessen Herausgabe imstande sein. Daher gilt insbesondere auch in diesem Falle das Erfordernis eines bestimmten Klagantrags im Sinne der ZPO. und muß der Erbe beweisen, daß der Beklagte in diesem Sinne Erbschaftsbesitzer ist. Zu diesem Zweck dient ihm neben der allgemeinen Verpflichtung zum Vorweisen die besondere erbrechtliche Auskunftspflicht. Der Erbschaftsanspruch geht jedoch nicht nur gegen den Erbschaftsbesitzer selbst, sondern auch gegen den Erbschaftskäufer, der die Erbschaft nicht vom Erben, sondern von einem Erbschaftsbesitzer erworben hat (§ 2030). Andererseits hat einen dem Erbschaftsanspruch analogen Anspruch eine unrichtigerweise für tot erklärte Person gegen denjenigen, der auf Grund der Todeserklärung ihr Vermögen in Besitz genommen hat (§ 2031).

2. Der Erbschaftsbesitzer hat dem Erben herauszugeben, was er aus der Erbschaft in Händen hat. Hauptfall ist der Besitz von Erbschaftssachen. Es gehört hierher aber auch ein unrichtigerweise erlangter Erbschein, möglicherweise auch irgendeine sonstige dem Erbrecht des Klägers widersprechende Rechtsposition des Erbschaftsbesitzers, z. B. seine Eintragung im Grundbuch als Eigentümer von Erbschaftsgrundstücken. Regelmäßig sind die herauszugebenden Gegenstände mit den aus der Erbschaft erlangten identisch; dies braucht jedoch nicht der Fall zu sein. Vielmehr sind nachträgliche Veränderungen möglich. Nach dem im BGB. anerkannten Prinzip der Surrogation hat nämlich der Erbschaftsbesitzer dem Erben alles herauszugeben, was er mit Mitteln der Erbschaft durch Rechtsgeschäft erworben hat (§ 2019). Man spricht in dieser Beziehung von dinglicher Surrogation und behauptet, daß durch solches Rechtsgeschäft der Erbe unmittelbar erwerbe, was der Erbschaftsbesitzer erwerben wollte. Diese Auffassung ist jedoch unzutreffend. Die Bedeutung der Surrogation ergibt sich aus ihrem Zusammenhang mit dem Gegenstand des Herausgabeanspruchs; sie beruht hier auf einer gesetzlichen Fiktion, die gerade beweist, daß die Rechte, um die es sich handelt, vom Erbschaftsbesitzer diesem selbst und nicht dem Erben erworben worden sind. Diese Gegenstände sind, obwohl sie dem Erbschaftsbesitzer gehören, dem Erben herauszugeben, wie wenn sie zur Erbschaft gehörten. Erst dadurch also, daß sie auf Grund des Erbschaftsanspruchs dem Erben herausgegeben werden, erlangt er an den so erworbenen Sachen das Eigentum. Ferner unterliegen dem Erbschaftsanspruch die vom Besitzer gezogenen Nutzungen, und zwar auch dann, wenn er nach den Grundsätzen des Sachenrechts das Eigentum daran erworben hat. Endlich haftet der Erbschaftsbesitzer, soweit er die Erbschaft schuldhafterweise verschlechtert hat, für Schadenersatz und, soweit die herauszugebenden Erbschaftsgegenstände nicht mehr vorhanden sind, unter allen Umständen mindestens auf die Bereicherung. Diese Grundsätze gelten im allgemeinen. Im näheren ist jedoch zu unterscheiden zwischen dem gutgläubigen und dem bösgläubigen Erbschaftsbesitz. Nämlich in bezug auf solche Erbschaftsgegenstände, die der Beklagte nicht mehr hat, bestimmt sich der Anspruch des Erben auf Schadenersatz für Verschlechterung, Untergang und sonstige Unmöglichkeit der Herausgabe nach den Vorschriften über den Eigentumsanspruch. Es ist daher zu unterscheiden zwischen dem gut- und bösgläubigen Besitz und der Zeit vor und nach dem Eintritt der Rechtshängigkeit. Für die Zeit vor der Rechtshängigkeit haftet der gutgläubige Erbschaftsbesitzer gar nicht, da er sich für den Erben hält und dieser beliebig über den Nachlaß verfügen kann. Von der Rechtshängigkeit an muß er jedoch mit der Möglichkeit rechnen, im Prozeß zu unterliegen und zur Herausgabe verurteilt zu werden. Daher haftet er von diesem Zeitpunkt an für Fahrlässigkeit. Der bösgläubige Besitzer dagegen haftet von vornherein so wie der gutgläubige von der Rechtshängigkeit an. Hat endlich der Erbschaftsbesitzer einen Erbschaftsgegenstand durch eine strafbare Handlung oder eine

Erbschaftssache durch verbotene Eigenmacht erlangt, so haftet er nach den Vorschriften über den Schadensersatz aus unerlaubten Handlungen. Ein gutgläubiger Erbschaftsbesitzer haftet jedoch wegen verbotener Eigenmacht nur, wenn der Erbe den Besitz der Sache bereits ergriffen hatte; denn zur Selbsthülfe wäre er auch als Erbe nicht berechtigt gewesen (vgl. im näheren die §§ 2020/21).

3. Der Erbschaftsbesitzer kann je nach der Natur des einzelnen in Betracht kommenden Anspruchs gegen die Klage alle möglichen Einwendungen erheben, z. B. behaupten, daß er durch unverschuldete Unmöglichkeit der Herausgabe befreit sei, den Schadensersatzanspruch durch Erfüllung getilgt habe, nicht mehr bereichert sei u. a. m. Um diese Einwendungen handelt es sich hier nicht; denn von ihnen gilt nichts besonderes. Dagegen gibt das BGB. Sondervorschriften in bezug auf den Ersatz von Verwendungen des Erbschaftsbesitzers, und dies ist der zweite Punkt, in dem sich der Erbschaftsanspruch wesentlich von den Singularansprüchen unterscheidet, vor allem vom Eigentumsanspruch. Während nämlich der Sachbesitzer gegenüber dem Eigentumsanspruch grundsätzlich nur Ersatz von notwendigen Verwendungen verlangen kann (§§ 997ff.), hat der Erbschaftsbesitzer Anspruch auf Ersatz aller Verwendungen (§ 2022). Zur Begründung dieser Besonderheit pflegt man sich darauf zu berufen, daß die Stellung des Erbschaftsbesitzers eine wesentlich andere sei als die des Sachbesitzers gegenüber der Eigentumsklage. Der erstere geht nämlich angeblich davon aus, daß ihm die Erbschaft mit allen ihren Bestandteilen gehört und soll daher die Rücksichtnahme verdienen, daß er von der Erbschaft weder Vorteil noch auch Nachteil haben soll. Es handelt sich dabei also jedenfalls nur um eine legislativ-politische Erwägung, deren Richtigkeit hier dahingestellt bleiben kann, nicht um eine Konsequenz aus der Universalität der Erbschaft. Das Recht des Erbschaftsbesitzers auf Ersatz seiner Verwendungen ist zunächst durch ein Zurückbehaltungsrecht geschützt, das in derselben Weise geltend zu machen ist wie beim Eigentumsanspruch. Daneben besteht aber ein selbständiger, durch Klage geltend zu machender Ersatzanspruch unter der Voraussetzung, daß der Erbe den Besitz der Nachlaßgegenstände wieder erlangt oder die Verwendungen genehmigt hat. Nur dann besteht dieser Anspruch nicht, wenn neben dem Anspruch auf Herausgabe noch ein Bereicherungsanspruch besteht, insoweit nämlich die Verwendungen durch Anrechnung auf die herauszugebende Bereicherung gedeckt sind. Das Gesagte gilt aber nur für den gutgläubigen Besitzer und für die Zeit vor dem Prozeßbeginn. Macht er nach dem Eintritt der Rechtshängigkeit Verwendungen auf den Nachlaß, so kann er Ersatz nur verlangen, soweit sie notwendig gewesen sind und selbst dann nur, sofern sie dem Interesse des Erben und seinem wirklichen oder mutmaßlichen Wllen entsprochen haben oder von ihm genehmigt worden sind. Für den bösgläubigen Besitzer gilt dasselbe wie für den gutgläubigen von der Rechtshängigkeit an, unbeschadet der Vorschriften über den Verzug. Hat endlich der Beklagte den Besitz durch eine vorsätzlich begangene unerlaubte Handlung erlangt, so entfällt das Zurückbehaltungsrecht ganz. — Da, wie gesagt, der Erbschaftsbesitzer gegen den Erbschaftsanspruch auch alle Einwendungen hat, die ihm gegen die Singularansprüche zustehen, so entsteht die Frage, was geschieht, wenn sich der Beklagte gegenüber dem Erbschaftsanspruch auf einen sogenannten Singulartitel beruft. Diese Frage ist so zu beantworten: Im allgemeinen wird dadurch der Erbschaftsanspruch entkräftet werden; denn er setzt voraus, daß der Beklagte eben nicht auf Grund eines Singulartitels besitzt. Doch ist dies nicht in allen Fällen richtig.

4. Die Form, in der der Erbschaftsanspruch regelmäßig geltend gemacht wird, ist die Erbschaftsklage. Was wir im vorstehenden als seine subjektiven und objektiven Voraussetzungen kennengelernt haben ist ihr Klaggrund und daher nach allgemeiner Regel vom Kläger zu beweisen. So einleuchtend dies ist, so hat doch gerade diese Frage in der Literatur eine überwiegend abweichende Beantwortung erfahren.

Nun läßt sich freilich nicht behaupten, daß der Kläger beweisen müsse, nicht nur, daß der Beklagte einmal etwas aus der Erbschaft erlangt hat, sondern auch, daß er es gegenwärtig noch hat oder dafür ersatzpflichtig oder dadurch noch bereichert ist. Vielmehr ergibt eine Vergleichung des Gesetzes mit den Vorschriften über den Bereicherungsanspruch (dazu § 2021), daß der Erbe grundsätzlich auf Herausgabe des Erlangten zu klagen hat und daher zunächst auch der Beweis genügen muß, daß der Erbschaftsbesitzer etwas aus der Erbschaft erlangt hat. Behauptet der Beklagte, zur Herausgabe des früher Erlangten nicht imstande zu sein, so muß der Beklagte dies beweisen; dann hat der Kläger den Klagantrag auf Wertersatz zu ändern und demgegenüber kann der Beklagte einwenden und beweisen, daß er nicht mehr bereichert sei. Beruft sich der Beklagte auf einen Singulartitel, so ist dies nicht eine Einrede, sondern ein Leugnen des Klaggrundes; daher hat in diesem Falle der Kläger zu beweisen, daß der Beklagte nicht Sachbesitzer, sondern Erbschaftsbesitzer ist. Dagegen hat der Beklagte natürlich alle wirklichen Einreden, z. B. wegen der Verwendungen zu beweisen.

5. Nunmehr läßt sich die rechtliche Natur des Erbschaftsanspruchs feststellen. Die ältere Lehre, der sich die herrschende Lehre des geltenden Rechtes anschließt, faßt ihn als einen Universalanspruch auf und erblickt in ihm den unwiderleglichen Beweis für die Erbschaft als eine organische Einheit. Das Recht des Erben an der Erbschaft, das durch die Universalsukzession begründet ist, wird gedacht als ein einheitliches Recht am Nachlaß, das in dem einheitlichen Erbschaftsanspruch seinen Ausdruck findet. Aber die Erbschaft ist, wenn schon eine Einheit, so doch eine bloße Kollektiveinheit und nicht Rechtsobjekt eines einheitlichen subjektiven Rechtes. Diese Lehre beruht auf der Verwechslung der Erbenstellung mit dem Rechte an der Erbschaft. Einheitlich ist nur die erstere, nicht das letztere. Zur Durchsetzung der ersteren aber dient nicht der Erbschaftsanspruch, der ein bloßer Leistungsanspruch ist, sondern die Erbrechtsfeststellungsklage, mit der wir uns hier nicht zu beschäftigen haben. Die Besonderheiten, die wir im vorstehenden bei dem sogenannten Erbschaftsanspruch kennen gelernt haben, sind auch nicht als abstrakte Konsequenzen aus der universellen Natur des Erbschaftsanspruchs aufzufassen, wie sie denn durch die Annahme, die Erbschaft sei ein einheitliches Rechtsobjekt, weder gefordert noch begreiflich gemacht werden. Der Gegenstand der Erbschaftsklage ist bald umfassender, bald geringer; er kann aus dem ganzen Nachlaß bestehen oder auch aus einzelnen Nachlaßgegenständen. Und selbst im ersteren Falle ist Gegenstand des Herausgabeanspruchs nicht ein einheitliches Objekt, sondern eine Vielheit einzelner Objekte. Er ist universell nicht in bezug auf seinen Gegenstand, sondern nur in bezug auf seine Begründung. Von diesem Standpunkt aus findet die Frage ihre Beantwortung, wie sich der Erbschaftsanspruch zu den Singularansprüchen verhalte. Ist der Erbschaftsanspruch, wie wir gesehen haben, kein Universalanspruch, so ist es schwer, einen selbständig neben den Singularansprüchen bestehenden Erbschaftsanspruch überhaupt zu begreifen. In der Tat gibt das Gesetz die Antwort auf unsere Frage mit der Vorschrift: Die Haftung des Erbschaftsbesitzers bestimmt sich auch gegenüber den Ansprüchen, die dem Erben in bezug auf die einzelnen Nachlaßgegenstände zustehen, nach den Vorschriften über den Erbschaftsanspruch (§ 2029). Während nach römischem Recht für diesen andere Rechtssätze galten als für die Singularklagen, sind nach dem BGB. auch diese nach den Vorschriften über den Erbschaftsanspruch zu behandeln, sobald der Beklagte nur Erbschaftsbesitzer ist, d. h. sich im Prozeß für seinen Besitz und die Verweigerung der Herausgabe auf sein eigenes Erbrecht beruft. Der Erbschaftsanspruch ist mithin nichts anderes als der erbrechtlich modifizierte Einzelanspruch. Vor allem läßt sich auch nicht behaupten, daß für den Erbschaftsanspruch in bezug auf die Verjährung etwas anderes gelte, als für den Einzelanspruch.

4. Erbschaftskauf.

§ 27.

1. Der Erbschaftskauf bezweckt, dem Erben die Möglichkeit zu geben, den Nachlaß im ganzen zu verwerten, dadurch der Notwendigkeit seiner Liquidation zu entgehen und dafür in den Besitz einer runden Summe zu gelangen. Auf den Verkauf des Nachlasses finden im allgemeinen die Vorschriften über den Kauf Anwendung, soweit nicht wegen der Eigentümlichkeit seines Gegenstandes besondere Vorschriften notwendig sind. Vor allem begründet der Erbschaftskauf entsprechend der rechtlichen Natur des Kaufvertrags gegenseitige Verpflichtungen zwischen dem Käufer und dem Verkäufer. Von diesem Verpflichtungsgeschäft ist auch hier das Verfügungsgeschäft zu unterscheiden, durch das das erstere erfüllt wird. Gegenstand des Erbschaftskaufes ist natürlich nur der Nachlaß in dem früher erörterten Sinn, nicht die Rechtsstellung des Erben, die höchst persönlich und unübertragbar ist. Da aber der Nachlaß nur eine Kollektiveinheit ist, kann der Erbe sein Recht am Nachlaß auch nicht durch einen einheitlichen Verfügungsakt auf den Käufer übertragen, sondern bedarf er so vieler einzelner Erfüllungshandlungen, als Nachlaßgegenstände vorhanden sind (vgl. § 2374). Dem Zweck des Erbschaftskaufes entsprechend geht jedoch die Verpflichtung des Erben nicht nur auf die Übertragung dieser einzelnen Gegenstände, sondern auf die Verschaffung der rechtlichen Position des Erben, soweit dies angesichts der höchst persönlichen Natur der Erbenstellung möglich ist, und dementsprechend auch die Abnahmepflicht des Käufers, was vor allem von Bedeutung für die Nachlaßverbindlichkeiten ist. Das Gesagte gilt auch von der Veräußerung des Anteils an der Erbschaft durch einen Miterben: auch dabei handelt es sich nicht um eine Übertragung des subjektiven Erbrechts, sondern nur um die Beteiligung am Nachlaß (§§ 2373, 2034). — Wegen der großen Tragweite dieses Rechtsgeschäftes verlangt das Gesetz dafür die gerichtliche oder notarielle Beurkundung (§ 2871). Gegenstand des Erbschaftskaufes kann nur eine dem Verkäufer bereits angefallene Erbschaft sein (Ebenda.)

2. Der Erbschaftskauf begründet zwischen dem Verkäufer und dem Käufer die gegenseitige Verbindlichkeit, dasselbe wirtschaftliche Ergebnis herzustellen, wie wenn an Stelle des Verkäufers der Käufer Erbe geworden wäre. Dabei ist als maßgebender Zeitpunkt der des Vertragsschlusses zugrunde zu legen. Nach ihm bestimmt sich vor allem, welche Nachlaßgegenstände dem Käufer herauszugeben sind, worüber das BGB. Einzelvorschriften gibt (§ 2072ff.). Da der Erbschaftskauf bezweckt, dem Käufer die Erbschaft, also ein wechselnder rechtlicher Gestaltung fähiges Sondervermögen, zu verschaffen und nicht bloß einzelne Gegenstände, so muß sich die Gewährleistungspflicht des Verkäufers anders gestalten als beim Verkauf von einzelnen Gegenständen. Der Verkäufer der Erbschaft steht daher nur dafür ein, daß er der E r b e, nicht aber dafür, daß er der Eigentümer der im Nachlaß befindlichen Gegenstände ist (§ 2376 I). Mängel einzelner zum Nachlaß gehörender Gegenstände hat er nicht zu vertreten, es sei denn, daß er arglistig handelte (§ 2376 II). Umgekehrt hat der Erbschaftskäufer nicht nur die allgemeine Verpflichtung des Käufers zur Zahlung des Kaufpreises und zur Abnahme der gekauften Gegenstände, sondern ist überdies, da er, soweit dies möglich ist, die Erbenstellung einnehmen soll, gegenüber dem Verkäufer verpflichtet, die Nachlaßverbindlichkeiten zu erfüllen (§ 2378). Ausgenommen sind solche Verbindlichkeiten, für deren Nichtbestehen der Verkäufer dem Käufer nach besonderer Vorschrift haftet. Die Berichtigung von Vermächtnissen, Auflagen, Pflichtteilsforderungen und Ausgleichungsansprüchen kann der Verkäufer vom Käufer nur dann fordern, wenn dieser sie beim Abschluß des Kaufvertrages gekannt hat. Entsprechend einer vernünftigen Auslegung des Kaufgeschäftes verbleiben dem Verkäufer die Nutzungen aus der

Zeit vor dem Abschluß des Kaufvertrags (§ 2379). Von diesem Zeitpunkt an trägt der Käufer die Gefahr, und hat er dafür auch Anspruch auf die Nutzungen (§ 2380). Diese Besonderheit rechtfertigt sich damit, daß hier die Erfüllung der Verbindlichkeit des Verkäufers nicht wie beim Sachkauf durch einen einzigen Akt möglich ist. Besonders geregelt ist schließlich das Verhältnis der beiden Parteien zu den Nachlaßgläubigern. Nach römischem Recht konnten die Gläubiger, wie es an sich der Logik entspricht, nur den Verkäufer, nicht auch den Käufer in Anspruch nehmen, obwohl sich der Nachlaß regelmäßig beim Käufer und nicht beim Verkäufer befand. Aber schon das gemeine Recht gestattete dem Gläubiger, den Käufer ebenso wie den Erben zu belangen, und dies war auch der Standpunkt des preußischen Landrechts. Ihm schließt sich das BGB. an (§§ 2382f.). Neben dem Käufer haftet den Nachlaßgläubigern immer noch der Verkäufer, und es trifft ihn noch die besondere Pflicht, den Verkauf der Erbschaft ihnen anzuzeigen (§§ 2382, 2384).

3. Besonderes gilt schließlich für den Verkauf des Anteils eines Miterben an der Erbschaft. Zwar finden auch auf diesen Fall die im vorstehenden genannten Vorschriften Anwendung (vgl. § 2373). Dieser Anteil ist ja nicht die Erbenstellung des Miterben, sondern nur eine Konsequenz davon (im nähern §§ 2036f.). Daher wird durch die Übertragung des verkauften Anteils auf den Käufer der letztere nicht etwa Erbe, sondern er tritt nur in die Erbengemeinschaft ein[1]). Aus dem Kaufvertrag ist er seinem Verkäufer verpflichtet, die Nachlaßgläubiger zu befriedigen und haftet er den letzteren unmittelbar; aber auch in diesem Falle wird der Verkäufer nicht ipso jure von der Haftung gegenüber den Nachlaßgläubigern frei. Der Erwerber des Anteils hat alle Rechte, die sich aus der Erbengemeinschaft ergeben, dagegen keinen Anspruch auf ein seinem Verkäufer gebührendes Vorausvermächtnis. Da er nicht Erbe ist, hat er weder den Erbschaftsanspruch, noch kann er die Erteilung eines Erbscheins verlangen.

IV. Pflichtteils- und Vermächtnisrecht.

Erstes Kapitel.

Pflichtteilsrecht.

§ 28. Begriff des Pflichtteilsrechts und des Pflichtteilsanspruchs.

Im Pflichtteilsrecht des BGB. finden wir Gedanken des römischen und des deutschen Rechtes verschmolzen. Das römische Recht ging aus von der selbstherrlichen Familiengewalt des Hausvaters und seiner unbeschränkten Testierfreiheit, der nur formale, keine materiellrechtlichen Schranken gezogen waren. Das materielle Noterbrecht oder Pflichtteilsrecht stellt sich demgemäß als eine späte Reaktion gegen diese Verfügungsfreiheit dar, als ein Recht, dessen Durchsetzung zur Umstoßung des Testamentes aus dem Gesichtspunkt der Lieblosigkeit des Erblassers führte. Dem deutschen Recht dagegen war mit dem Testament auch ein Noterbrecht ursprünglich unbekannt. Vielmehr hatten die Kinder am Nachlaß ihrer Eltern ein unentziehbares Erbrecht, in das freilich durch die spätmittelalterlichen Vergabungen von Todes wegen eine Bresche geschlagen wurde. Als dann das römische Recht mit seiner extremen Testierfreiheit

[1]) Vgl. meine Ausführungen Arch. f. b. Recht, Bd. 34, S. 237, Anm. 78 zu Strohal, Erbrecht II, S. 97 und im Gegensatz zu dem von mir früher (Rechtsstellung des Erben III, S. 98) eingenommenen Standpunkt. Vgl. nunmehr auch Endemann, II, § 137.

bei uns aufgenommen wurde, wurde ein Ausgleich zwischen den beiden Systemen in der Weise geschaffen, daß ein bestimmter Teil des Nachlasses der freien Verfügung des Erblassers überlassen blieb, während der übrige Teil den Erben unantastbar erhalten bleiben sollte. Darauf beruht z. B. das System des Code civil, der das Familiengut oder die réserve von der portion disponible, über die der Erblasser verfügen kann, unterscheidet, während deutsche Statutarrechte gelegentlich für beide Güter den Ausdruck Pflichtteil verwenden. Dieser Pflichtteil ist mithin etwas ganz anderes als im römischen Recht: Während dieses unter Pflichtteil dasjenige versteht, was ein Abkömmling verlangen kann, wenn ihn der Vater in seinem Testament nicht gehörig bedacht hat, ist Pflichtteil in jenem Sinn der unentziehbare Intestarerbteil des Kindes. Und man kann daher von Pflichtteilsrecht auch dann reden, wenn ein Testament überhaupt nicht errichtet worden ist. Freilich ist dies nicht das System des gemeinen Rechtes. In diesem verschaffte sich die römische Testierfreiheit und mit ihr das justinianische Noterbrecht Geltung, nach welchem der Noterbberechtigte sowohl auf die Ehre der Erbeinsetzung als auch auf die Hinterlassung eines bestimmten Teils seiner Intestaterbportion Anspruch hatte. In manchen Beziehungen wurde dabei das römische Recht fortgebildet, vor allem durch die sogenannte cautela Socini, wonach dem Pflichtteilsberechtigten, wenn ihm mehr als der Pflichtteil zugewendet war, vom Erblasser auferlegt werden konnte, sich dafür eine die ganze Zuwendung betreffende Beschränkung gefallen zu lassen, so daß er vor der Wahl stand, den Pflichtteil ohne die Beschränkung zu verlangen oder das Zugewandte mit der Beschränkung anzunehmen. Die Entwicklung kommt zum Abschluß im preußischen Landrecht. Dieses erkennt ein Recht des Pflichtteilsberechtigten auf die Ehre der Erbeinsetzung überhaupt nicht mehr an, sondern kennt nur noch ein Pflichtteilsrecht, über dessen rechtliche Natur allerdings lebhafter Streit bestand. Nach der schließlich zur Herrschaft gelangten Auffassung sollte der Pflichtteilsberechtigte nur ein Forderungsrecht auf eine Geldsumme haben; also ein Recht, das die Erbfolge überhaupt unberührt ließ und sich gegen den Nachlaß als solchen richtete, als Nachlaßverbindlichkeit. Dies ist vor allem die Theorie des Reichsgerichts gewesen. Das BGB. hat sich an diese Gestaltung des Pflichtteilsrechts angeschlossen. Es gewährt dem Pflichtteilsberechtigten grundsätzlich nur ein Forderungsrecht gegen den Nachlaß, dessen Geltendmachung durchaus nicht zur Umstoßung des Testamentes führt und den Pflichtteilsberechtigten nicht zum Erben macht. Damit ist das Noterbrecht als besondere Kategorie der Universalsukzession für uns beseitigt.

I. Das Pflichtteilsrecht des BGB. besteht in dem Rechte gewisser Personen beim Tod des Erblassers aus dessen Nachlaß einen bestimmten Wertbetrag zu erlangen. Hieraus folgt, daß von einer Verletzung des Pflichtteilsrechts durch den Erblasser im Grunde keine Rede sein kann; das Pflichtteilsrecht richtet sich nicht eigentlich gegen den Erblasser, sondern gegen den Erben. Es ist weder ein unentziehbares gesetzliches Erbrecht, wie nach dem deutschen, noch ein Recht auf Umstoßung der letztwilligen Verfügung, wie nach römischem Recht, sondern äußert sich im wesentlichen in einem bloßen gesetzlichen Anspruch gegen den Nachlaß. Dieses Forderungsrecht ist auch unabhängig von den besonderen tatsächlichen Verhältnissen; insbesondere kommt es gar nicht darauf an, ob in der Verkürzung des Berechtigten eine Lieblosigkeit des Testators liegt oder nicht. Auch wenn daher der Pflichtteilsberechtigte selbst ein reicher Mann ist, während der Testator nur eine kleine Erbschaft hinterläßt, besteht doch das Pflichtteilsrecht.

II. Im näheren ist freilich zwischen Pflichtteils**berechtigung** und Pflichtteils**anspruch** zu unterscheiden. Pflichtteilsberechtigt im Sinn des Gesetzes sind gewisse dem Erblasser nahestehende Personen kraft dieser Beziehung zum Erblasser: nämlich die Abkömmlinge des Erblassers, seine Eltern und der überlebende Ehegatte (§ 2303). Dabei wird jedoch vorausgesetzt, daß die fragliche Person als nächster gesetzlicher Erbe zu betrachten wäre, wenn die gesetzliche Erbfolge einträte. Daher ist die Pflichtteilsberechtigung ausgeschlossen durch Erbverzicht und Erbunwürdigkeit. Außerdem durch Verzicht auf den Pflichtteil und durch wirksame Entziehung des Pflichtteils durch den Erblasser. Dieses Pflichtteils*recht* ist nicht ein subjektives Recht, sondern eine sogenannte Rechtslage. Ihr Inhalt besteht darin, daß der Berechtigte aus der Erbschaft die Hälfte seines gesetzlichen Erbteils erhalten haben muß, wenn er nicht den Pflichtteil soll beanspruchen können. Pflichtteilsberechtigt in diesem Sinn sind also die fraglichen Personen auch dann, wenn sie den Pflichtteil oder mehr erhalten haben, sofern sie nur zu dem Erblasser in dem erörterten Verhältnis stehen. Diese Rechtslage kann sehr verschiedenartige Folgen haben und nur *eine* dieser Folgen ist der Pflichtteils*anspruch*, d. h. das Recht, den Pflichtteil oder den Pflichtteilsrest oder eine Ergänzung des Pflichtteils zu verlangen. Das Pflichtteilsrecht kann also bestehen, ohne daß damit ohne weiteres ein Anspruch begründet wäre. Vielmehr kann der Pflichtteilsberechtigte entweder den Pflichtteil erhalten haben, so daß ein Anspruch gar nicht denkbar ist, oder er kann ihn erst durch Ausschlagung des ihm Zugewandten zur Entstehung bringen; möglicherweise besteht die Bedeutung des Pflichtteilsrechts auch darin, daß eine Beschwerung oder Beschränkung der Zuwendung als nicht angeordnet gilt, so daß auch hier von einem Anspruch auf den Pflichtteil keine Rede sein kann. Unrichtig ist es aber, deshalb das Pflichtteilsrecht als absolutes Recht zu bezeichnen; dies ist nicht denkbar, weil es an einem Herrschaftsobjekt dieses „Rechtes“ durchaus fehlt. Es ist vielmehr eine rechtlich erhebliche Situation von wechselndem Inhalt, die Gegenstand einer Feststellungsklage sein kann.

III. Aus dem Pflichtteilsrecht ergibt sich unter gewissen Voraussetzungen der *Pflichtteilsanspruch*. Dieser Anspruch besteht grundsätzlich dann, wenn der Pflichtteilsberechtigte vom Erblasser durch Verfügung von Todes wegen von der Erbfolge ausgeschlossen und ihm ohne rechtmäßige Pflichtteilsentziehung auch sonst nichts hinterlassen ist (§ 2303). Der Pflichtteil besteht dann in der Hälfte des *Wertes* des gesetzlichen Erbteils, nicht des Erbteils selbst; der Pflichtteilsanspruch ist daher stets eine Geldforderung. Diese Voraussetzung liegt auch dann vor, wenn der Erblasser erklärt hat, der Berechtigte solle nur den Pflichtteil haben, oder er beschränke oder setze ihn auf den Pflichtteil. Denn dies ist weder Erbeinsetzung noch Vermächtnis, da vielmehr der Erblasser damit nur erklärt, der Pflichtteilsberechtigte solle auf den gesetzlichen Pflichtteilsanspruch beschränkt sein. Dies ist praktisch wichtig. Vor allem ermöglicht diese Verfügung keine Ausschlagung, da sie nicht als Zuwendung aufgefaßt werden kann. Von diesem Fall verschieden ist jedoch die Anordnung eines Vermächtnisses zum Zwecke der Deckung des Pflichtteils, oder die *Zuwendung* des Pflichtteils. In diesen Fällen hat der Berechtigte also den Pflichtteilsanspruch, obwohl von Verletzung seines Pflichtteilsrechtes keine Rede sein kann. Ist dem Berechtigten die Hälfte seines Erbteils oder mehr ohne Beschränkungen oder Beschwerungen hinterlassen, so hat er zwar die Möglichkeit, diese Zuwendung auszuschlagen; macht er jedoch davon Gebrauch, so entsteht dadurch der Pflichtteilsanspruch nicht. War ferner dem Berechtigten ein Erbteil hinterlassen, der kleiner ist als die Hälfte des gesetzlichen Erbteils, so kommt ihm, mag er diesen Erbteil nun annehmen oder ausschlagen, gegen seine Miterben ein Pflichtteilsanspruch nur in der Höhe des Wertes zu, um den der hinterlassene Erbteil hinter dem Betrag des Pflichtteils zurückbleibt (§ 2305). In diesem Fall ist also der Pflichtteilsberechtigte nicht von der Erbfolge ausgeschlossen und hat doch den Pflichtteilsanspruch. Ist ferner der als Erbe berufene Pflichtteilsberechtigte durch Einsetzung eines Nacherben, die Ernennung eines Testamentsvollstreckers oder eine Teilungsanordnung beschränkt, oder ist er durch Anordnung von Vermächtnissen oder Auflagen beschwert, so ist zu unterscheiden: Wenn der ihm hinterlassene Erbteil die Hälfte seines gesetzlichen Erbteils nicht übersteigt, so gelten solche Beschränkungen und Beschwerungen als nicht angeordnet. Ist der hinterlassene Erbteil dagegen größer als die Hälfte des gesetzlichen Erbteils, so hat der Bedachte die Möglichkeit, entweder die ihm gemachte Zuwendung mit den ihm auferlegten Beschränkungen anzunehmen, so daß ein Pflichtteilsanspruch nicht entsteht, oder den Erbteil auszuschlagen und den Pflichtteil zu verlangen (§ 2306). Kraft Gesetzes tritt also hier dieselbe Behandlung ein, wie sie im gemeinen Recht der Erblasser durch die sogenannte cautela Socini anordnen konnte. Die Frage, ob der hinterlassene Erbteil die Hälfte des gesetzlichen Erbteils übersteigt oder erreicht, ist ausschließlich nach dem Inhalt der Verfügung von Todes wegen zu beantworten. Es kommt ja nicht darauf an, ob ihm der Wert dieser Quote, sondern ob ihm die Quote selbst hinterlassen ist. Das gilt vor allem auch für den Fall, daß die Beschränkung oder Beschwerung darin besteht, daß der Berechtigte nur als Nacherbe eingesetzt ist, und insbesondere auch dann, wenn der Vorerbe befreiter Vorerbe ist, der Pflichtteilsberechtigte also nur den Überrest des Nachlasses erhalten soll. Nicht darauf also kommt es an, wie groß oder klein dieser ihm auszuhändigende Überschuß ist, was sich ja zur Zeit des Erbfalls noch gar nicht ermitteln läßt, sondern auf welchen Bruchteil des Nachlasses der Pflichtteilsberechtigte als Nacherbe eingesetzt ist. — Mit einem ihm vom Erblasser hinterlassenen Vermächtnis braucht sich der Pflichtteilsberechtigte nicht abfinden zu lassen. Er kann es vielmehr ausschlagen und den vollen Pflichtteil beanspruchen (§ 2307). Im Fall der Annahme des Vermächtnisses kann er aber den Pflichtteil auch insoweit verlangen, als er durch das Vermächtnis nicht gedeckt ist.

§ 29. Berechnung des Pflichtteils.

I. Der Pflichtteil ist gleich der Hälfte des Wertes des gesetzlichen Erbteils (§ 2303 I 2). Daher ist für die Berechnung des Pflichtteils die Feststellung der Höhe des Erbteils von grundlegender Bedeutung, der auf den Pflichtteilsberechtigten bei der gesetzlichen Erbfolge entfallen würde. Die gemeinrechtliche Streitfrage, ob für jeden Pflichtteilsberechtigten der Pflichtteil besonders festzustellen sei, oder ob dies zunächst für die Pflichtteilsberechtigten insgesamt zu geschehen habe, die mit dem Schwanken zwischen der römischen und der germanischen Auffassung des Pflichtteilsrechtes zusammenhing, ist für das BGB. im ersteren Sinne (Distributivberechnung) zu beantworten. Wenn hiernach der gesetzliche Erbteil des einzelnen Berechtigten die Grundlage für die Berechnung seines Pflichtteils bildet, so entsteht die weitere Frage, ob dieser Erbteil so zu berechnen sei, wie er sich abstrakt, d. h. ohne Rücksicht auf die gegebene tatsächliche Lage, oder nach der konkreten Erbfolge gestalten würde. Das BGB. beantwortet diese Frage im ersteren Sinne (§ 2310). Der Wegfall von gesetzlichen Miterben, z. B. durch Enterbung, vergrößert also den Pflichtteil nicht. Bei der Berechnung des Erbteils des Pflichtteilsberechtigten ist also sowohl mitzuzählen, wer vom Erblasser durch letztwillige Verfügung von der Erbfolge ausgeschlossen ist, als auch wer seinen gesetzlichen Erbteil ausgeschlagen hat oder für erbunwürdig erklärt ist. Verschieden davon wird jedoch der Fall des Erbverzichts behandelt. Von dieser Berechnung der Größe der Erbquote ist die Berechnung ihres Wertes zu unterscheiden (darüber §§ 2311ff.). Für die letztere ist die Zeit des Erbfalls zugrunde zu legen. Erhöhung wie Verminderung des Wertes des Nachlasses **nach** dem Erbfall kommt also für die Berechnung der Höhe des Pflichtteils nicht in Betracht. Dabei ist zunächst der Wert der Aktiva des Nachlasses zu berechnen und der Betrag der Nachlaßverbindlichkeiten davon abzuziehen, wobei die durch den Erbfall erloschenen Rechte und Verbindlichkeiten zwischen dem Erblasser und dem Erben als nicht erloschen behandelt werden müssen. Auf die Einzelheiten ist hier nicht einzugehen. Wenn nach dem Gesagten an sich der zur Zeit des Erbfalls **vorhandene** Nachlaß der Berechnung des Pflichtteils zugrunde zu legen ist, so erleidet dies eine Ausnahme mit Rücksicht auf die Ausgleichungspflicht der Abkömmlinge (§ 2316). Der Pflichtteil eines Abkömmlings nämlich bestimmt sich, wenn mehrere Abkömmlinge vorhanden sind und unter ihnen daher im Falle der gesetzlichen Erbfolge eine Zuwendung des Erblassers zur Ausgleichung zu bringen wäre, nach demjenigen, was auf den gesetzlichen Erbteil unter Berücksichtigung der Ausgleichungspflicht bei der Teilung entfallen würde. Es ist also der Berechnung des Pflichtteils hier nicht der wirkliche, sondern ein fiktiver Nachlaß zugrunde zu legen, und es spielt bei dieser Frage keine Rolle, ob der pflichtteilsberechtigte Abkömmling oder ein anderer oder alle Abkömmlinge ausgleichungspflichtig sind. Eine ganz andere Frage ist es, ob der Pflichtteilsberechtigte auf den so festgestellten Pflichtteil sich nur Zuwendungen des Erblassers von Todes wegen anrechnen lassen muß. Diese Frage verneint das BGB. mit gutem Recht (§ 2315), indem es die Anrechnung von Zuwendungen unter Lebenden vorschreibt, die der Berechtigte mit der Bestimmung erhalten hat, daß sie auf seinen Pflichtteil angerechnet werden sollen. Diese beiden Fragen stehen also miteinander an sich in keinem Zusammenhang. Aber insoweit bei der Berechnung des Pflichtteils gerade eine Zuwendung an den pflichtteilsberechtigten Abkömmling in Frage kommt, die er also zugleich auf den Pflichtteil anzurechnen hat, kommt sie auf diesen nur mit der Hälfte ihres Wertes zur Anrechnung, da sie infolge ihrer Berücksichtigung bei der Ausgleichungspflicht den Betrag seines gesetzlichen Erbteils ja bereits gemindert hatte und in der Hälfte des gesetzlichen Erbteils bereits zur Hälfte abgezogen war (§ 2316 IV). Diese subtile Vorschrift, die durch die Reichstagskommission dem Gesetze eingefügt worden ist, macht dem Scharfsinn dieser Kommission alle Ehre.

II. Die individualistische Gestaltung des Familienvermögens, die das BGB. dem römischen Recht entnommen hat, bedingt die völlige Freiheit des Vermögenssubjekts zu Verfügungen unter Lebenden ohne Rücksicht auf die Pflichtteilsberechtigten. Aber freilich ist eine schrankenlose Verfügungsmacht des Erblassers unter Lebenden auch mit dem römischen Pflichtteilrecht schwer zu vereinigen, weil sie dazu führen kann, daß der Erblasser durch Rechtsgeschäft unter Lebenden das Pflichtteilsrecht gegenstandslos macht. So findet sich in der römischen Kaiserzeit eine Reaktion gegen den möglichen Mißbrauch dieser Verfügungsfreiheit: die der querela inofficiosi testamenti nachgebildete querela inofficiosae donationis und dotis, die beide voraussetzen, daß das Pflichtteilsrecht des Klägers, wie es sich zur Zeit der Schenkung oder der Dosbestellung gestaltet haben würde, durch diese Verfügungen unter Lebenden arglistigerweise beeinträchtigt worden war. Diese Klagen standen dem Pflichtteilsberechtigten gegen den Empfänger und dessen Erben zu und gingen auf Ergänzung des Pflichtteils. Anders lag die Sache von vornherein im germanischen Recht, wo die Erben gegenüber solchen Verfügungen ein Warte- oder Beispruchsrecht hatten, und im französischen Recht, nach dem der Erblasser überhaupt nur über seine freie Portion verfügen kann, so daß zur Beantwortung der Frage, ob der Pflichtteil verletzt sei, dem Nachlaß von vornherein hinzugerechnet werden mußte, was der Erblasser vor seinem Tode verschenkt hatte. Durch diese Einrichtung ist das Recht des BGB. wesentlich beeinflußt. Was der Erblasser in den letzten zehn Jahren vor dem Erbfall verschenkt hat, ist dem Nachlaß derart zuzurechnen, daß daraus der Pflichtteil zu berechnen ist (§ 2325). Für den sich hieraus ergebenden Betrag des Pflichtteils haftet in erster Linie der Erbe und nur ausnahmsweise der Beschenkte. Das BGB. bezeichnet dies als Ergänzung des Pflichtteils, wobei es von der Vorstellung ausgeht, daß normalerweise dem Pflichtteilsberechtigten aus dem Nachlaß selbst ein Teil seines Pflichtteils gewährt werden wird. Der Ausdruck erweist sich daher als unpassend, wenn der Nachlaß nach Berichtigung der vorgehenden Nachlaßverbindlichkeiten keinen Restbetrag aufweist, aus dem der Pflichtteil berichtigt werden könnte. Dieser Ergänzungsanspruch darf auch terminologisch nicht verwechselt werden mit dem sogenannten Pflichtteilsrestanspruch, der nach dem früher Gesagten darin besteht, daß dem Berechtigten aus dem Nachlaß zwar etwas, aber nicht der volle Betrag des Pflichtteils hinterlassen ist. — Zur Berechnung des Pflichtteils wird in diesem Falle der Nachlaß um den Betrag aller Schenkungen vermehrt, die der Erblasser in der genannten Frist gemacht hat. Es geschieht dies aber nur rechnungsmäßig. Aus dem rechnerisch so vermehrten Nachlaß schuldet der Erbe den Pflichtteil, und zwar auch dann, wenn dem Pflichtteilsberechtigten die Hälfte seines gesetzlichen Erbteils hinterlassen ist, worunter das Gesetz natürlich die Hälfte des wirklichen, nicht des erhöhten Erbteils versteht. Diese Rechtslage gestaltet sich verwickelt, wenn der Pflichtteilsberechtigte selbst Geschenke vom Erblasser erhalten hat und namentlich wenn der Erbe selbst pflichtteilsberechtigt ist (§§ 2327, 2328). Geschenke, die der Berechtigte selbst vom Erblasser erhalten hat, sind ebenso wie Schenkungen an Dritte dem Nachlaß zuzurechnen, aber zugleich dem Pflichtteilsberechtigten auf die Ergänzung anzurechnen. Die Anrechnung erfolgt grundsätzlich nur auf die Pflichtteilsergänzung, nicht auf den Gesamtbetrag des Pflichtteils, sofern nicht der Erblasser selbst die Anrechnung auf diesen vorgeschrieben hat. In bezug auf die Schenkungen an den Pflichtteilsberechtigten zieht das Gesetz auch keine zeitliche Schranke. Ist andererseits der Erbe, von dem die Ergänzung des Pflichtteils gefordert wird, selbst pflichtteilsberechtigt, so soll ihm nach dem Gesetz sein eigener Pflichtteil mit Einschluß der Ergänzung verbleiben. Er kann daher insoweit die Erfüllung des Ergänzungsanspruchs verweigern (Einrede des eigenen Pflichtteils). Insoweit nach dem Gesagten der Erbe nicht verpflichtet ist, den Pflichtteil des Berechtigten zu ergänzen, haftet diesem der Beschenkte subsidiär (§ 2329).

§ 30. Die Pflichtteilslast.

I. Der Pflichtteilsanspruch ist, was bisher bereits vorausgesetzt wurde, gegenüber dem Berechtigten grundsätzlich von den Erben zu tragen und insofern eine Nachlaßverbindlichkeit (vgl. §§ 2305, 1967 II). Nur ausnahmsweise, nämlich wo wegen des Pflichtteilsrechtes eine Beschränkung oder Beschwerung der Zuwendung von Todes wegen zu streichen ist, wird diese Pflichtteilslast von demjenigen getragen, zu dessen Gunsten die Beschränkung oder Beschwerung angeordnet war. Als Verbindlichkeit untersteht der Anspruch zunächst den Vorschriften des Obligationenrechts, z. B. in bezug auf die Fragen der Erfüllung, der Sicherung, des Verzuges, der Unmöglichkeit und dergleichen. Aber als Nachlaßverbindlichkeit untersteht er zugleich den Sondervorschriften des Erbrechts. Daher kann der Pflichtteilsberechtigte dem Belasteten z. B. eine Inventarfrist setzen lassen und von ihm die Erhärtung seines Inventars durch Offenbarungseid verlangen, mit der Folge, daß die Nichterfüllung dieser Obliegenheiten zur Verwirkung der beschränkten Haftung führt. Ferner kann der Anspruch gegen den Erben so lange nicht geltend gemacht werden, als dieser die Erbschaft nicht angenommen hat; jedoch ist dadurch seine Geltendmachung gegen Nachlaßpfleger und Nachlaßverwalter nicht ausgeschlossen. Eines vernünftigen Grundes entbehrt die bereits erwähnte Vorschrift, daß der Pflichtteilsanspruch gegen einen Testamentsvollstrecker überhaupt nicht geltend gemacht werden kann (§ 2213 I 3). Da der Pflichtteil nur vom Reinbetrag des Nachlasses geschuldet wird, steht der Pflichtteilanspruch den vom Erblasser stammenden oder aus der Verwaltung des Nachlasses entstandenen Nachlaßverbindlichkeiten nach.

II. Die diesem Pflichtteilsanspruch gegenüberstehende Pflichtteilslast trifft, wie gesagt, grundsätzlich den Erben. Sind daher mehrere Erben vorhanden, so trifft sie die sämtlichen Miterben als Gesamtschuldner nach den Vorschriften über die Erbenhaftung. Ist einer von mehreren Erben selbst pflichtteilsberechtigt, so kann er nach der Teilung des Nachlasses die Befriedigung anderer Pflichtteilsberechtigten insoweit verweigern, daß ihm sein eigener Pflichtteil verbleibt (§ 2312). Für den Ausfall haften dann die übrigen Erben. Untereinander tragen die Erben der Regel nach die Pflichtteilslast nach Verhältnis der Größe ihrer Erbteile. Der Erblasser kann jedoch durch Verfügung von Todes wegen die Pflichtteilslast im Verhältnis der Miterben zueinander einzelnen Erben ganz oder zum Teil auferlegen. Auch wenn der Erblasser eine solche Anordnung nicht getroffen hat, kann unter Umständen eine solche Verschiebung der Pflichtteilslast eintreten.

III. Da die Pflichtteilslast nur den Erben trifft, so hat der Pflichtteilsberechtigte keinen Anspruch gegen pflichtteilsberechtigte Vermächtnisnehmer und Auflagenempfänger, auch wenn ihnen alle oder die meisten Nachlaßbestandteile zugewendet sind. Dagegen gilt für das Verhältnis des Erben zu Vermächtnisnehmern und Auflagenempfängern, daß sie die Pflichtteilslast verhältnismäßig zu tragen haben (§ 2318 I). Und dies gilt auch für die sogenannten gesetzlichen Vermächtnisse. Zur Durchführung dieser Vorschrift hat der Erbe eine Einrede gegenüber dem Anspruch aus dem Vermächtnis und der Auflage, die zur verhältnismäßigen Kürzung dieser Zuwendung führt. Gegenüber einem pflichtteilsberechtigten Vermächtnisnehmer ist jedoch die Kürzung nur so weit zulässig, daß ihm selbst sein Pflichtteil verbleibt (§ 2318 II). Der dadurch sich ergebende Ausfall ist von den übrigen Begünstigten verhältnismäßig zu tragen. Ist endlich der Erbe selbst pflichtteilsberechtigt, so geht sein Recht zur Kürzung der ihm auferlegten Beschwerungen weiter. Er kann dann Vermächtnisse und Auflagen so weit kürzen, daß sein eigener Pflichtteil durch die von ihm zu tragende Pflichtteilslast nicht beeinträchtigt wird (§ 2318 III). Dies gilt auch gegenüber pflichtteilsberechtigten Vermächtnisnehmern, so daß das Pflichtteilsrecht des Erben den anderen Pflichtteilsrechten vorgeht.

§ 31. Verjährung des Pflichtteilsanspruchs.

Wie schon die römische Querel einer kurzen Verjährung unterlag, so besteht auch nach dem BGB. für den Pflichtteilsanspruch eine besondere Verjährungsfrist (§ 2332 I). Er unterliegt nämlich einer Verjährung von drei Jahren von dem Zeitpunkt an, in dem der Pflichtteilsberechtigte von dem Erbfall und der ihn beeinträchtigenden Verfügung des Erblassers Kenntnis erlangt. Ein Irrtum über die Höhe des Nachlasses kann also den Beginn der Verjährung verzögern. Ohne Rücksicht auf dieses subjektive Moment verjährt der Anspruch in dreißig Jahren vom Erbfall an.

Der Anspruch des Pflichtteilsberechtigten auf die Ergänzung des Pflichtteils verjährt, soweit er sich gegen den Erben richtet, nach denselben Grundsätzen. Dagegen verjährt der Anspruch gegen den Beschenkten in drei Jahren vom Erbfall an, also ohne Rücksicht auf die Kenntnis des Berechtigten vom Erbfall und der ihn beeinträchtigenden Verfügung (§2332 II). Dieser Anspruch soll ja wegen der großen Härte, die in der Pflicht der Ergänzung für den Beschenkten liegt, an möglichst enge Voraussetzungen gebunden sein. In allen Fällen ist es ohne Einfluß auf den Beginn der Verjährung, wenn der Pflichtteilsanspruch erst nach Ausschlagung der Erbschaft oder eines Vermächtnisses geltend gemacht werden kann.

§ 32. Entziehung und Beschränkung des Pflichtteils.

I. Während das ältere deutsche Recht keine Beeinträchtigung des Kindeserbrechts durch Verfügung der Eltern und folgerecht auch keine Pflichtteilsentziehung kannte, führte die Aufnahme des römischen Rechtes dazu, daß das Recht der Eltern anerkannt wurde, ihre Kinder wegen schwerer Verfehlungen zu enterben. Außerdem wurde den Eltern gestattet, ihre Kinder auf die Hälfte des Pflichtteils zu beschränken, wenn sich diese ohne ihre Zustimmung verheiratet hatten. Dieses Recht der Pflichtteilsentziehung und -Beschränkung wurzelt in dem Gedanken des römischen Pflichtteilsrechts, wonach nur lieblose Zurücksetzung den Pflichtteilsanspruch begründete. Während darüber aber ursprünglich das freie richterliche Bemessen zu befinden hatte, hat JUSTINIAN die Enterbungsgründe spezialisiert, indem er vierzehn Enterbungsgründe von Deszendenten und acht von Aszendenten aufzählt, die teils in Vergehen gegen die Person des Erblassers, teils in unwürdigem Verhalten begründet waren. Das BGB. hat sich dem im wesentlichen angeschlossen (§§ 2333ff.). Es spricht jedoch nicht mehr von Enterbung, weil es das Pflichtteilsrecht eben nicht als Noterbrecht gestaltet hat. Vielmehr braucht es den Ausdruck Entziehung des Pflichtteils. Es zählt die Entziehungsgründe erschöpfend auf, so daß analoge Anwendung auf andere Fälle ausgeschlossen ist. Sämtliche Gründe setzen Verschulden und mithin Zurechnungsfähigkeit des Pflichtteilsberechtigten voraus. Der Erblasser, der zur Entziehung des Pflichtteils berechtigt ist, kann diesen auch verkürzen oder beschränken und beschweren. Die Entziehung kann nur durch letztwillige Verfügung geschehen. Der Grund der Entziehung muß zur Zeit dieser Verfügung bestehen, und bedingte Entziehung für die Zukunft ist daher nicht zulässig. Der Grund der Pflichtteilsentziehung muß in der Verfügung angegeben sein. Gegenüber dem Pflichtteilsanspruch hat der Erbe das Bestehen des Entziehungsgrundes zu beweisen. Die Pflichtteilsentziehung kann jedoch vom Erblasser durch letztwillige Verfügung widerrufen werden. Außerdem wird sie von selbst wieder hinfällig, wenn sie wegen ehrlosen oder unsittlichen Lebenswandels erfolgt war, und sich der Abkömmling zur Zeit des Erbfalls dauernd von diesem Lebenswandel abgewandt hat. Bei anderen Enterbungsgründen kommt eine solche Besserung nicht in Betracht. Schließlich erlischt das Recht zur Entziehung auch durch Verzeihung und wird eine bereits wirksam angeordnete Entziehung durch Verzeihung hinfällig. Ob die Aussöhnung des Erblassers mit dem Pflichtteilsberechtigten als Verzeihung anzusehen sei, ist Auslegungsfrage.

II. Entsprechend der römischen exheredatio bona mente kennt das BGB. eine Pflichtteilsentziehung oder -Beschränkung aus guter Absicht, die es aber im Vergleich mit dem früheren Recht erheblich eingeschränkt hat (§ 2338). Sie ist nämlich nur zulässig gegenüber einem pflichtteilsberechtigten Abkömmling und nur wegen Verschwendung oder Überschuldung in einem Maße, daß sein späterer Erwerb durch sie erheblich gefährdet wird. Und sie kann nur in der Weise vorgenommen werden, daß entweder nach dem Tode des Abkömmlings dessen gesetzliche Erben das ihm Hinterlassene oder seinen Pflichtteil als Nacherben oder als Nachvermächtnisnehmer erhalten sollen, oder daß die Verwaltung des Nachlasses einem Testamentsvollstrecker übertragen wird unter Verpflichtung auf Gewährung des Reinertrages an den Abkömmling. Diese Anordnung muß in einer letztwilligen Verfügung erfolgen. Sie wird hinfällig, wenn sich der Abkömmling zur Zeit des Erbfalls dauernd gebessert hat oder nicht mehr überschuldet ist.

Zweites Kapitel.

Vermächtnisse und Auflagen.

§ 33. Vermächtnis.

Aus dem römischen Recht ist in das moderne Recht die Unterscheidung von Erbeinsetzung und Einzelzuwendung von Todes wegen übergegangen, die freilich ursprünglich eine größere Bedeutung hatte als heute. Die Erbeinsetzung hatte ursprünglich den Zweck, dem Erblasser künstlich einen Erben zu schaffen, der ihm die Totenopfer darbringen sollte, so daß es sich dabei keineswegs wie heute um ein bloßes vermögensrechtliches Geschäft handelte, während freilich das Legat von

Anfang an nichts weiter bezweckte, als einzelne vermögensrechtliche Zuwendungen aus dem Nachlaß zu machen. Im heutigen Recht ist auch die Erbeinsetzung zu einem rein vermögensrechtlichen Geschäft geworden. Die römische Unterscheidung innerhalb der Einzelzuwendungen von Legaten und Fideikommissen ist in das moderne Recht nicht übergegangen, und demgemäß kennt auch das BGB. nur ein Vermächtnis, wobei es sich in der Hauptsache der römischen Entwicklung entsprechend an das Fideikommißrecht anschließt, insofern der Grundgedanke ist, daß der Erbe die Zuwendungen des Erblassers nach Treu und Glauben zu erfüllen hat, daß für ihre Beurteilung der erkennbare Wille des Erblassers maßgebend ist und es nicht auf Förmlichkeiten und Wortinterpretationen anzukommen hat. Dem entsprechen zahlreiche Dispositivnormen des BGB., die erforderlichenfalls aus diesem Grundgedanken ergänzt werden müssen.

I. Vermächtnis im Sinne des BGB. ist eine Zuwendung von Todes wegen, die nicht Erbeinsetzung ist (§ 1939). Der Zuwendung aber ist begrifflich die Einseitigkeit wesentlich, auch wenn das ihr dienende Geschäft ein zweiseitiges ist (Vermächtnisvertrag); insofern ist sie auch immer eine Freigebigkeit. Diese Eigenschaft wird nicht dadurch ausgeschlossen, daß der Vermächtnisnehmer verpflichtet sein kann, das Empfangene ganz oder zum Teil einem Untervermächtnisnehmer herauszugeben. Denn mindestens hat auch in diesem Falle der Vermächtnisnehmer einen Vorteil, der in der Möglichkeit besteht, daß der Nachvermächtnisnehmer wegfällt und dadurch der ihm zugewandte Wert in seiner Hand verbleibt. Aus dem Begriff des Vermächtnisses als einer Zuwendung ergibt sich, daß das Vermächtnis dem Bedachten einen Vermögensvorteil gewähren muß. Aber nicht notwendig ist, daß dadurch das Vermögen des Bedachten gerade vermehrt und das des Belasteten vermindert werde. Es genügt auch z. B. die bloße Sicherung von Ansprüchen durch Anerkenntnis, Bürgschaft oder Pfandbestellung u. dgl. Dagegen muß der Bedachte einen selbständigen Anspruch durch die Zuwendung erhalten. Dieses Erfordernis unterscheidet das Vermächtnis vor allem von der Auflage. Infolge des Gesagten liegt ein Vermächtnis auch dann nicht vor, wenn der Erblasser eine Zuwendung von der Bedingung abhängig macht, daß der Bedachte einem Dritten eine Leistung mache, ohne daß der Dritte ein Recht auf die Leistung erlangen soll. Ebensowenig ist Vermächtnisnehmer, wer nur tatsächlich einen Vorteil aus einer Anordnung hat, die nicht zu seinem Gunsten erfolgte. Wenn z. B. der Erblasser seinem Erben auflegt, die Schulden seines Neffen zu bezahlen, so ist zwar möglicherweise der Neffe als Vermächtnisnehmer zu erachten, nicht aber dessen Gläubiger. Das Vermächtnis ist schließlich im modernen Recht notwendig Einzelvermächtnis und begründet ein Forderungsrecht des Bedachten gegen den Belasteten (§ 2174). Eine Gesamtrechtsnachfolge kann durch Vermächtnis nicht mehr herbeigeführt werden, worin zugleich liegt, daß der Vermächtnisnehmer niemals für die Nachlaßverbindlichkeiten haftet. Aus dem römischen Universalvermächtnis ist bei uns die Nacherbschaft geworden, die wir bereits behandelt haben.

II. Vermächtnisse können nach dem Rechte des BGB. durch Verfügung von Todes wegen, also durch Testamente und Erbverträge angeordnet werden (§§ 1939, 1941). Ihre Anordnung ist nicht an besondere Worte gebunden und vor allem muß der Erblasser nicht das Wort *vermachen* gebrauchen. Es genügt vielmehr, daß sich die Absicht der Zuwendung aus dem Inhalt der Verfügung ergibt. Dabei spielen die früher erwähnten Auslegungsregeln eine Rolle. Ferner gilt die Verfügung des Erblassers, daß dem Testamentserben ein Gegenstand nicht zufallen soll, als Vermächtnis dieses Gegenstandes an die gesetzlichen Erben (§ 2149). Aus denselben Gründen, aus denen die Festlegung der Erbschaft durch den Erblasser im Weg der Anordnung von Nacherbschaften an zeitliche Schranken gebunden ist, sind auch den Vermächtnissen zeitliche Grenzen gezogen (§§ 2162/63).

III. Bei der Anordnung des Vermächtnisses kommen neben dem Erblasser, der es anordnet, der Bedachte oder der Vermächtnisnehmer und der Beschwerte oder Belastete in Betracht. Von diesen Personen ist zu sagen: Nach unserem geltenden Recht kann mit Vermächtnissen nur der Erbe und ein Vermächtnisnehmer belastet werden (§ 2147), und unter den Erben sowohl der gesetzliche wie der Testaments- und Vertragserbe, der Vor- wie der Nacherbe. In Ermangelung näherer Bestimmung darüber, wer von den beiden letzteren ein Vermächtnis zu tragen hat, ist es als eine Last der Erbschaft anzusehen. Daher ist es vom Vorerben zu entrichten, aber dem Nacherben in Rechnung zu stellen. Der Vermächtnisnehmer kann mit sogenannten Untervermächtnissen belastet werden. Ebenso der auf den Todesfall Beschenkte, sofern die Schenkung nicht unter Lebenden vollzogen worden ist. Denn in diesem Fall steht der Beschenkte einem Vermächtnisnehmer gleich. Hat der Erblasser die Person des Beschwerten nicht genannt, so gilt der Erbe als belastet (§ 2147). — Das römische Recht ist von seiner älteren Auffassung, wonach das Vermächtnis die Person des Erben als solche und nicht den Nachlaß belastete, nur langsam und stückweise abgegangen. Diese Auffassung ist dem modernen Recht fremd. Nach dem Gesetzbuch erlischt vielmehr das Vermächtnis im Zweifel nicht mit dem Wegfall des Belasteten (§ 2161). An seine Stelle tritt vielmehr derjenige, dem sein Wegfall unmittelbar zustatten kommt. Fällt also der mit einem Untervermächtnis belastete Vermächtnisnehmer weg, so hat es im Zweifel der Erbe zu tragen. Fallen die Testamentserben weg, so hat es im Zweifel der gesetzliche Erbe zu tragen. Es sind dies indessen bloß Auslegungsregeln. — Fähig, mit einem Vermächtnis bedacht zu werden, ist jede erbfähige Person. Und zwar braucht sie nicht, wie der Erbe, zur Zeit des Erbfalls bereits vorhanden zu sein. Aber das Vermächtnis ist unwirksam, wenn der Bedachte zur Zeit des Erbfalls nicht mehr lebt oder falls er eine juristische Person ist, die Rechtsfähigkeit verloren hat (§ 2160). Für diesen Fall kann das Vermächtnis einem anderen zugewendet sein; wir sprechen dann von Ersatzvermächtnis. Die Regeln für die Ersatzerbschaft sind auf diesen Fall entsprechend anzuwenden (§ 2190). Vor allem gilt auch die gesetzliche Vermutung der §§ 2068/69 dafür, daß die Abkömmlinge des Bedachten als Ersatzlegatare an seine Stelle treten sollen. Über das „Nachvermächtnis“ vgl. § 2191.

IV. Über den Erwerb des Vermächtnisses ist folgendes zu sagen: Nach römischem Recht bildete der Erwerb der Erbschaft durch den Erben die notwendige Voraussetzung der Geltung aller letztwilligen Verfügungen, was damit zusammenhängt, daß sie als gesetzgeberische Befehle an diesen Erben auftraten. Die Folge war, daß Vermächtnisse nicht vor dem Erbschaftsantritt erworben werden konnten. Mit diesem Zeitpunkt fiel daher grundsätzlich das Vermächtnis an (dies legati venit). Jedoch nahm die Jurisprudenz aus praktischen Gründen an, daß mit dem Erbfall für den Bedachten bereits eine unentziehbare und vererbliche Anwartschaft auf das Vermächtnis entstanden sei, eine Rechtsfigur, die dem römischen Recht, von diesem Fall abgesehen, fremd geblieben ist (dies legati cedit). Infolgedessen konnten es nunmehr auch die Erben des Bedachten erwerben, wenn der Belastete den Erbschaftsantritt verzögerte. Dagegen ist nach unserem Recht der Erwerb des Vermächtnisanspruchs unabhängig von dem Erwerb der Erbschaft durch den, der nach dem Wortlaut der Verfügung als der Belastete erscheint. Der Vermächtnisnehmer erwirbt das Vermächtnis unmittelbar mit dem Tode des Erblassers (§ 2176). Und zwar ohne weiteres, ohne sein Wissen und Wollen, jedoch mit dem Rechte der Ausschlagung (§ 2176); und daher ist sein Recht auch von diesem Zeitpunkt an vererblich.

V. Der Vermächtnisnehmer hat nach dem BGB. im Gegensatz zum römischen Recht ausschließlich einen persönlichen Anspruch gegen den Beschwerten auf Erfüllung der Zuwendung. Die diesem gegenüberstehende Schuld ist eine Nachlaßverbindlichkeit und unterliegt als solche teils schuldrechtlichen, teils erbrechtlichen Vorschriften. Aber sie ist Nachlaßverbindlichkeit natürlich nur dann, wenn der Erbe und nicht wenn ein Vermächtnisnehmer damit belastet ist. Und sie ist eine Nachlaßverbindlichkeit besonderer Art (vgl. die §§ 1967 II, 1972—1974, 1991/92). Vor allem kann der Belastete beim Gerichtsstand der Erbschaft auf Erfüllung des Vermächtnisses verklagt werden (ZPO. § 27). Wenn sich der Vermächtnisanspruch auch in der Regel gegen den Erben richtet, so kann doch seine Geltendmachung möglicherweise gegen den Nachlaßverwalter oder Testamentsvollstrecker erfolgen. Der Vermächtnisnehmer kann seinen Anspruch auch im Konkurs über den Nachlaß anmelden. Den Nachlaßkonkurs selbst kann er nur dann beantragen, wenn über das eigene Vermögen des Erben der Konkurs eröffnet ist (KO. § 219). Denn als zurückgesetztem Nachlaßgläubiger haftet ihm von vornherein nur der Überschuß des Nachlasses, so daß ihm das Interesse an der Durchführung des Konkurses fehlt. Diese Zurücksetzung des Vermächtnisses hinter andere Forderungen an den Nachlaß ist zwar im Gesetzbuch nicht ausdrücklich ausgesprochen, kommt aber doch zweifellos in einzelnen Vorschriften zum Ausdruck. Neben den Bestimmungen über die Behandlung des Vermächtnisses im Nachlaßkonkurs beruht auf diesem Gedanken die Vorschrift, daß der Erbe die Verbindlichkeiten aus Vermächtnissen so zu berichtigen hat, wie sie im Fall des Konkurses zur Befriedigung kommen würden (§ 1991 II). Wird ferner der Erbe von einem Vermächtnisnehmer auf Leistung belangt, so kann er, wenn der Nachlaß überschuldet ist, aber diese Überschuldung ausschließlich auf Vermächtnissen beruht, statt zu leisten, dem Kläger den vorhandenen Nachlaßüberschuß zum Zweck der Befriedigung nach den Vorschriften über die Zwangsvollstreckung herausgeben oder die Herausgabe durch Zahlung des Wertes der vorhandenen Nachlaßgegenstände abwenden (§ 1992). Der Anspruch eines Nachvermächtnisnehmers richtet sich nicht gegen den Erben, sondern gegen den Vorvermächtnisnehmer (§ 2191 I). Der erstere ist daher am Nachlaßkonkurs überhaupt nicht beteiligt. Im Konkurs des Vorvermächtnisnehmers ist er einfacher Konkursgläubiger. Der belastete Vermächtnisnehmer ist den Nachvermächtnisnehmern zur Erfüllung erst dann verpflichtet, wenn er selbst die Erfüllung des ihm zugewandten Vermächtnisses verlangen kann (§ 2186). Die Haftung des Vorvermächtnisnehmers beschränkt sich auf das, was er selbst aus dem Nachlaß erhält. Diese Beschränkung muß durch Einrede geltend gemacht werden (§ 2187). Und auf sie finden die für die beschränkte Haftung des Erben geltenden Vorschriften Anwendung. Es darf also insbesondere des Vorbehalts der beschränkten Haftung im Urteil gegen den Vermächtnisnehmer (ZPO. § 786). Aber freilich besteht eine Verschiedenheit dieser Haftung von der beschränkten Haftung des Erben insofern, als der Vermächtnisnehmer, weil er nicht Erbe ist, die beschränkte Haftung nicht verwirken kann. Wird das Vermächtnis des Vorvermächtnisnehmers gekürzt, z. B. infolge der Geltendmachung eines Pflichtteilsanspruchs oder der beschränkten Haftung des Erben, so ist er berechtigt, auch das Untervermächtnis entsprechend zu kürzen, auch wenn der ihm verbliebene Rest zu seiner Erfüllung ausreichen würde (§§ 2188f.). — Im Gegensatz zum römischen und gemeinen Recht hat der Erbe gegenüber dem Vermächtnisnehmer keinen Anspruch darauf, daß ihm ein Teil des Nachlasses frei von Belastungen und Beschwerungen verbleibe; das BGB. kennt die quarta Falcidia nicht mehr.

VI. Gegenstand des Vermächtnisses kann jede Leistung sein, die einen Vermögensvorteil gewährt. Es genügt aber, daß die Leistung einen solchen Vorteil mittelbar gewährt, indem es sich um Dinge handelt, die für Geld beschaffbar sind. Über besondere Vermächtnisgegenstände gibt das BGB. eine Reihe von Vorschriften, deren Erörterung hier unterbleiben kann (§§ 2154—2173). Nur das Vorausvermächtnis mag noch kurz erwähnt werden, d. h. die Einzelzuwendung des Erblassers an den einen oder den anderen seiner Testaments- oder Intestaterben. Dieser Fall ist von dem zu unterscheiden, daß der Erblasser bestimmt, gewisse Gegenstände seien einem Erben auf seinen Erbteil zuzuweisen; denn dabei handelt es sich nicht um ein Vermächtnis im technischen Sinn, sondern um eine Anordnung für die Auseinandersetzung. Diese Anordnung setzt daher voraus, daß derjenige, auf den sie sich bezieht, Erbe wird, was beim Vorausvermächtnis nicht der Fall ist. Das Vorausvermächtnis kann einem Miterben des Bedachten oder auch einem Vermächtnisnehmer auferlegt sein. Es ist aber auch möglich, daß es den Erben schlechthin auferlegt ist, und dies ist nach allgemeiner Regel dann anzunehmen, wenn der Belastete vom Erblasser nicht genannt ist. Dann ist die Erbengemeinschaft als solche und in ihr natürlich auch der Vorausvermächtnisnehmer belastet. Mit formaler Logik schlossen daraus die Römer, daß das Prälegat insoweit ungültig sei, da der Erbe nicht sein eigener Schuldner sein könne. Er erhielt daher das Vorausvermächtnis nur zum Teil als wirkliches Vermächtnis; den Rest behielt er als Erbe. Und dies führte zu absonderlichen Ergebnissen im Falle der Akkreszenz beim Wegfall von Mitvermächtnisnehmern. Diese Folgerungen hat schon das preußische Landrecht abgelehnt und das BGB. schließt sich ihm an, womit es nur die Konsequenz aus seiner Auffassung der Erbengemeinschaft als einer Rechtsgemeinschaft zur gesamten Hand zieht. Nach § 2150 gilt nämlich das Vorausvermächtnis auch insoweit als Vermächtnis, als der Bedachte damit beschwert ist. Er wird also in bezug auf das Vermächtnis ganz so behandelt, wie wenn er nicht Erbe, sondern ein bedachter Dritter wäre. Dies hat nichts Auffallendes, denn obwohl auch nach unserem Rechte der Satz gilt, daß niemand sein eigener Schuldner sein kann, wird auch der Miterbe, der Gläubiger oder Schuldner des Erblassers war, in dieser Eigenschaft so behandelt, als wenn er nicht Erbe wäre. Es muß eben die Gemeinschaftssphäre des Miterben von seiner Sondersphäre unterschieden werden. Das Vorausvermächtnis ist denn auch keineswegs eine bloße Akzession der Erbschaft, sondern eine selbständige Zuwendung, so daß sich Bedingungen und Beschränkungen, die der Erbeinsetzung zugefügt sind, keineswegs notwendig auf das Vermächtnis beziehen und die Unwirksamkeit der Erbeinsetzung die des Vorausvermächtnisses nicht zur Folge hat. Schlägt der Bedachte die Erbschaft aus, so kann er doch das Vermächtnis annehmen und umgekehrt. Ist eine Nacherbfolge angeordnet, so hat der Nacherbe im Zweifel kein Recht auf die dem Vorerben zugewandten Vorausvermächtnisse, und ebensowenig der Erbschaftskäufer gegenüber dem Verkäufer (§§ 2110 II, 2373).

§ 34. Auflage.

I. Der Begriff der Auflage von Todes wegen ist von uns bereits kurz gegeben worden. Durch sie wird ein Erbe oder ein Vermächtnisnehmer mit der Verpflichtung zu einer Leistung beschwert, ohne daß derjenige, dem die Leistung zugute kommt, berechtigt wäre, die Leistung zu fordern (§§ 1940, 2192—2196), da hierzu vielmehr andere Personen berechtigt sind, wie Miterben, Testamentsvollstrecker, gegebenenfalls auch die Staatsbehörden (§ 2194). Die Frage, wie dieses eigentümliche Gebilde aufzufassen sei, hat der Wissenschaft Schwierigkeiten bereitet, da es selbstverständlich schien, daß einer Verpflichtung ein Recht gegenüberstehen und dieses Recht dem zustehen müsse, dem die Leistung zugute kommen soll, während hier das Recht, die Leistung zu verlangen, gerade nicht demjenigen zusteht, dessen Interesse durch die Leistung gefördert werden soll. Daher sprechen manche von einer nur formellen Berechtigung oder Befugnis, der sie den Charakter eines materiellen Gläubigerrechtes absprechen, ohne daß dadurch Klarheit gewonnen wäre. Andere dagegen betrachten den, der die Vollziehung der Auflage verlangen kann, als einen Materiellforderungsberechtigten, nämlich als Träger eines Rechtes in fremdem Interesse oder m. a. W. als eine Art von Treuhänder. Das kommt der Wahrheit bedeutend näher. Die Sache liegt nämlich einfach so, daß der privaten Verpflichtung des Belasteten eine nicht private, sondern amtliche Berechtigung des Rechtsträgers gegenübersteht, ähnlich wie beim Verwalter eines Sammelvermögens, der Testamentsvollstreckung u. dgl.

Und insofern ist die Auflage wissenschaftlich besonders interessant; weil sie beweist, daß auch im geltenden Rechte eine Person sehr wohl eine amtliche Berechtigung haben kann, ohne daß, wie etwa beim Vormund, eine privatrechtliche Berechtigung eines Vertretenen dahinter steht. Da es sich nicht um eine private Berechtigung handelt, gehört sie nicht zum Vermögen des zur Geltendmachung der Verpflichtung Berechtigten und fällt sie nicht in seine Konkursmasse, wie er auch selbst wegen Nichterfüllung keinen Schadensersatzanspruch haben kann usw. — Die Auflage geht geschichtlich zurück auf den römischen Modus, d. h. eine mit einer Zuwendung verbundene Verwendungsbestimmung. Aber sie geht insofern über ihn hinaus, als sie keine Zuwendung voraussetzt; eine Auflage kann auch den gesetzlichen Erben gemacht werden, ohne daß darin eine letztwillige Zuwendung der Erbschaft erblickt werden muß, so daß der ganze Inhalt eines Testamentes sich in einer Auflage erschöpfen kann. Die Auflage ist aber auch keine Zuwendung an den, dem sie zugute kommen soll. Daher setzt sie nicht voraus, daß der durch sie Begünstigte rechtsfähig sei. Vielmehr kann dies eine Sache, etwa ein Tier oder ein ganz unpersönlicher Zweck sein. Dies kommt deutlich in den Worten des Gesetzes zum Ausdruck: „ohne einem anderen ein Recht auf die Leistung zuzuwenden." Trotz ihrer besonderen Natur untersteht die Auflage schuldrechtlichen Grundsätzen; vor allem darf der Zweck der Auflage nicht gegen die guten Sitten oder gegen die Gesetze verstoßen.

II. Die Auflage begründet ebenso wie das Vermächtnis eine Nachlaßverbindlichkeit. Überhaupt zeigen beide Institute eine gewisse Verwandtschaft, weshalb das Gesetzbuch auf die Auflage verschiedene Vorschriften über letztwillige Zuwendungen, vor allem über Vermächtnisse für anwendbar erklärt (§ 2192; vgl. auch §§ 2186—2189). Immerhin bestehen nicht unerhebliche Verschiedenheiten. Während nämlich das Vermächtnis begrifflich in der Zuwendung eines Vermögensvorteils besteht, braucht die Auflage keinerlei Vermögenscharakter zu haben. Andere Verschiedenheiten sind nur von formell technischer Bedeutung. Der Hauptunterschied zwischen dem Vermächtnis und der Auflage besteht darin, daß beim ersteren der Begünstigte der Gläubiger ist, während dies, wie gesagt, bei der Auflage nicht zutrifft. Ist daher zweifelhaft, ob eine Verfügung als Vermächtnis oder als Auflage zu betrachten sei, so wird man sich für das Vermächtnis als die regelmäßige Rechtsform zu entscheiden haben, die der Testator wahrscheinlicherweise gewollt haben wird. Wenn hiernach auch der Begünstigte die Erfüllung der Auflage nicht verlangen kann, so kann sich doch der Erblasser ein Organ zur Erzwingung schaffen, nämlich den Testamentsvollstrecker. Dieser ist alsdann nicht nur berechtigt, sondern auch verpflichtet, ihre Vollziehung zu betreiben. Außer ihm sind die bereits genannten Personen dazu berechtigt, ohne jedoch auch dazu verpflichtet zu sein. Wenn auch die Anordnung einer Auflage keine Zuwendung von Todes wegen voraussetzt, so wird sie doch regelmäßig einer solchen Zuwendung als Nebenbestimmung beigefügt. In diesem Fall hat die Unwirksamkeit der Auflage die der Zuwendung keineswegs notwendig zur Folge (§ 2195). Nur wenn anzunehmen ist, daß der Erblasser die Zuwendung nur zum Zweck der Vollziehung der Auflage angewandt hat, macht die Hinfälligkeit der Auflage auch die Zuwendung unwirksam. In anderen Fällen bleibt die Zuwendung zwar trotz der Nichterfüllung der Auflage an sich wirksam; aber derjenige, dem der Wegfall des Beschwerten unmittelbar zugute kommen würde, kann die Herausgabe der Zuwendung nach den Grundsätzen über die Herausgabe einer ungerechtfertigten Bereicherung insoweit fordern, als die Zuwendung zur Vollziehung der Auflage hätte verwendet werden müssen, nämlich wenn die Vollziehung der Auflage infolge eines vom Beschwerten zu vertretenden Ereignisses unmöglich geworden ist, und wenn die Auflage nur durch den Beschwerten persönlich vollzogen werden kann und gegen ihn die zulässigen Zwangsvollstreckungsmittel ohne Erfolg versucht worden sind (§ 2196).

V. Erbunwürdigkeit und Erbverzicht.

§ 35. Erbunwürdigkeit.

Die Behandlung der Erbunwürdigkeit und des Erbverzichts an dieser Stelle unserer Darstellung rechtfertigt sich aus der Erwägung, daß diese Begriffe nicht nur für die Erbberechtigung, sondern auch für das Pflichtteils- und Vermächtnisrecht von Bedeutung sind, weshalb es nicht angehen würde, sie etwa unter dem Gesichtspunkt der Anfechtbarkeit oder Unwirksamkeit der Berufung zu betrachten. So empfiehlt es sich, sie, dem System des Gesetzbuchs folgend, in einem besonderen Abschnitt am Schluß des Erbrechts zu behandeln. Die Erbunwürdigkeit, mit der wir uns zunächst beschäftigen wollen, stammt aus dem römischen Kaiserrecht, das dabei jedoch einen einheitlichen Grundgedanken vermissen läßt und vor allem einen dem Institut fremden Gesichtspunkt damit in es hineintrug, daß es das den Erben oder Vermächtnisnehmern wegen ihrer Unwürdigkeit Entzogene an den Fiskus fallen ließ. Nur in Ausnahmefällen fielen diese „bona ereptoria" an andere Personen, die sich durch Pietät gegenüber dem Erblasser oder seinem letzten Willen hervorgetan hatten. An dieser Regelung hat das deutsche Rechtsempfinden berechtigten Anstoß genommen; es erschien ihm unerträglich, daß der Fiskus zur Konfiskation von Nachlässen schreite, solange noch Verwandte des Erblassers vorhanden waren. Daher hat sich schon im Gemeinen Recht das Bestreben geltend gemacht, den dem Unwürdigen entrissenen Nachlaß sonstigen Erbberechtigten zuzusprechen, und das Preußische Allgemeine Landrecht hat dem Rechnung getragen, indem es im Fall der Indignität des Bedachten demjenigen einen Anspruch auf die Zuwendung gewährte, der Erbe geworden wäre, wenn der Bedachte nicht vorhanden gewesen wäre. Hieran schließt sich im wesentlichen die Regelung an, die das Institut im BGB. gefunden hat, und wodurch es auf eine einheitliche Grundlage gestellt worden ist.

Das BGB. geht von dem Grundgedanken aus, daß die Erbunwürdigkeit nicht, wie etwa die Erbfähigkeit oder wie die Kapazität des römischen Rechts, eine absolute Eigenschaft des Bedachten ist, sondern stets nur gegenüber einem bestimmten Erblasser in Frage kommt und insofern keine öffentliche, sondern eine private Angelegenheit ist. Damit hängt es zusammen, daß der Fiskus kein Recht auf den dem Unwürdigen entzogenen Nachlaß hat und daß die Unwürdigkeit niemals von Amts wegen zu berücksichtigen ist. Vielmehr ist sie gegenüber dem unwürdigen Erben, Pflichtteilsberechtigten oder Vermächtnisnehmer stets durch bestimmte Nachlaßbeteiligte geltend zu machen und fällt das dem Unwürdigen entzogene Vermögen auch nur an solche Personen. Unter diesen zur Geltendmachung der Unwürdigkeit und zum Erwerb des Entzogenen Berechtigten kommt freilich auch der Fiskus in Betracht; aber nur, insofern er Nachlaßbeteiligter, d. h. letzter gesetzlicher Erbe des Erblassers ist, so daß sein Erwerb nicht unter dem Gesichtspunkt der Konfiskation steht.

Die Geltendmachung der Unwürdigkeit bezeichnet das BGB. als Anfechtung (§ 2340 I). Sie geschieht gegenüber dem Erben durch Anfechtungklage; das ihr stattgebende Urteil ist ein Rechtsgestaltungsurteil, das den Anfall der Erbschaft an den Unwürdigen mit rückwirkender Kraft zerstört. Infolgedessen fällt die Erbschaft demjenigen an, der berufen gewesen wäre, wenn der Erbunwürdige zur Zeit des Erbfalls nicht gelebt hätte, und gilt der Anfall als mit dem Eintritt des Erbfalls an ihn erfolgt (§ 2344). Gegenüber Pflichtteilsberechtigten und Vermächtnisnehmern ist eine Anfechtungsklage nicht erforderlich; vielmehr genügt eine empfangsbedürftige Anfechtungserklärung; daneben hat der Berechtigte gegen den Pflichtteils- und Vermächtnisanspruch auch eine Einrede (§§ 2340, 2335, 2342; 2080—83). Zur Anfechtung berechtigt ist jeder, dem der Wegfall des Unwürdigen, wenn auch nur mittelbar, zu statten kommt; also z. B. ein Verwandter, der zwar nicht unmittelbar an Stelle des Unwürdigen zur Erbschaft berufen wird, der aber infolge der Unwürdigerklärung in der Reihe der eventuell Berufenen vorrückt. Hieraus ergibt sich auch, daß der Anfallsberechtigte nicht mit dem Anfechtungsberechtigten zusammenfällt und daß die Erbschaft möglicherweise einem anderen als dem Anfechtenden zufällt.

Die Unwürdigkeitsgründe sind im Gesetz erschöpfend aufgezählt und beruhen alle auf dem einen Gesichtspunkt schwerer Verfehlung gegen das Leben oder den letzten Willen der Erblassers. (§ 2339.) Verstöße gegen das objektive Erbrecht bilden keinen Unwürdigkeitsgrund mehr. Mit der Relativität der Erbunwürdigkeit steht es auch im Einklang, daß sie durch Verzeihung des Erblassers erlischt (§§ 2339—43).

§ 36. Erbverzicht.

Der Erbverzicht des modernen Rechtes geht zurück auf die Auffassung des alten deutschen Rechts, wonach der Erbe schon zu Lebzeiten des Erblassers ein Recht an der Erbschaft hatte, über das er durch Vertrag mit dem Erblasser verfügen konnte. Mit dem römischen Recht, das kein Recht des Erben an der Erbschaft oder auf die Erbschaft zu Lebzeiten des Erblassers anerkennt, ist dagegen das Institut des Erbverzichtes unvereinbar. Trotzdem ist es in das moderne Recht übergegangen, obwohl dieses nicht den gemanischen, sondern den römischen Grundgedanken durchführt. Nach dem BGB. geschieht der Erbverzicht in der Regel durch Vertrag des Erblassers mit dem gesetzlichen Erben, sei dies ein Verwandter oder der überlebende Ehegatte (§ 2346). Da der Fiskus notwendiger gesetzlicher Erbe ist, kann er keinen Erbverzicht mit dem Erblasser vereinbaren. Unter den Erbverzicht fällt jedoch auch der Verzicht auf das Pflichtteilsrecht, woraus sich ergibt, daß die Bezeichnung dieses Geschäftes als Erbverzicht ungenau ist (§ 2346 II). Richtiger hätte das Gesetz sagen sollen: Die Vorschriften über den Erbverzicht finden auch auf den Verzicht auf den Pflichtteil Anwendung. — Auch der durch letztwillige Verfügung mit der Erbschaft oder einem Vermächtnis Bedachte kann durch Vertrag mit dem Erblasser auf die Zuwendung verzichten (§ 2352). Dies ist für den Fall wichtig, daß dem Erblasser der einseitige Widerruf nicht offen steht, wie z. B. beim gemeinschaftlichen korrespektiven Testament des Erblassers oder bei Geschäftsunfähigkeit desselben, in welchem Falle der gesetzliche Vertreter wohl die Erklärung des Erbverzichts annehmen kann, aber ein Widerruf des Testaments ausgeschlossen ist. Endlich kann auch der Vertragserbe auf die Erbschaft verzichten. Dies ist von Bedeutung nur beim Erbvertrag zugunsten eines Dritten; denn war der Vertragsgegner zugleich der Bedachte, so kann er auch durch Vertrag den Erbvertrag aufheben. Indessen spielen diese sämtlichen Fälle gegenüber dem Erbverzicht des gesetzlichen Erben keine große Rolle. Und auch dessen Bedeutung liegt im Rahmen des BGB. vor allem darin, daß der Erbverzicht auch das Pflichtteilsrecht vernichtet (§ 2346 I 2), denn von der gesetzlichen Erbfolge kann der Erblasser den Erben einseitig ausschließen, in welchem Falle aber das Pflichtteilsrecht bestehen bleibt.

In den meisten Fällen ist der Erbverzicht ein entgeltlicher Vertrag, in dem der Verzicht nur gegen eine Abfindung gewährt wird. Die rechtliche Natur dieses entgeltlichen Erbverzichts war im gemeinen Recht sehr bestritten. Die Vorschriften über gegenseitige Schuldverträge können deshalb nicht zur Anwendung kommen, weil es sich nach dem Inhalt des Vertrages nicht um eine bloße Verpflichtung zur Aufgabe des Erbrechts handelt, sondern das Erbrecht unmittelbar erlöschen soll. Es fragt sich aber, ob nicht doch eine gegenseitige Abhängigkeit nach Art des schuldrechtlichen Synallagma stattfindet. In der Tat ist behauptet worden, wenn auch Verzicht und Abfindungsvertrag verschiedene Geschäfte seien, von denen jedes abstrakt sei, so seien sie doch als gegenseitig bedingt zu erachten. Dies kann jedoch nicht zugegeben werden. Vielmehr bildet die Abfindung das Äquivalent für die Erklärung des Erbverzichtes, so daß sie nicht zurückgefordert werden kann, wenn etwa z. B. infolge des früheren Todes des Verzichtenden die Erbfolge sich ohnehin so gestaltet, wie es der Verzicht beabsichtigte. Ferner kann die Unwirksamkeit des Abfindungsvertrages die Unwirksamkeit des Verzichts nur dann zur Folge haben, wenn beide nach dem erklärten Parteiwillen in einem Bedingungsverhältnis stehen. Bei der Einheitlichkeit des Rechtsgeschäftes wird dies allerdings in der Regel anzunehmen sein; denn der entgeltliche Erbverzicht besteht nicht aus zwei Geschäften, sondern ist ein einheitliches erbrechtliches Verfügungsgeschäft.

Nach dem BGB. ist der Erbverzicht kein Geschäft von Todes wegen. Daher sind die Vorschriften des BGB. über Testament und Erbvertrag nicht auf den Erbverzicht anwendbar. Vor allem gilt nicht der Grundsatz, daß der Erblasser den Erbverzicht nur persönlich abschließen kann (vgl. die §§ 2064—2274, 2347 Z. 2). Mithin ist der Erbverzicht als erbrechtliches Rechtsgeschäft unter Lebenden zu bezeichnen, das eine Ausnahme von der Regel des § 312 bildet. Als Form verlangt das Gesetz die gerichtliche oder notarielle Beurkundung (§ 2348).

Der Erbverzicht hat die Folge, daß der Verzichtende von der Erbfolge oder dem Vermächtnis ausgeschlossen ist, wie wenn er zur Zeit des Erbfalls nicht mehr gelebt hätte. Daher wird er, wie bereits bemerkt wurde, auch bei der Berechnung des Pflichtteils nicht mitgezählt. Entsprechend der deutschen Anschauung ferner, die freilich nicht damit im Einklang ist, daß entferntere Verwandte nicht aus dem Rechte des näheren, sondern aus eigenem Rechte zur Erbschaft berufen sind, erstreckt sich nach dem BGB. der Erbverzicht eines Abkömmlings des Erblassers auch auf die Abkömmlinge des Verzichtenden. Dasselbe gilt für die Abkömmlinge eines verzichtenden Seitenverwandten, und zwar ohne Unterschied, ob der Verzichtende dafür eine Abfindung erhalten hat oder nicht (§§ 2349f.).

Sachverzeichnis.

GPSR Compliance

The European Union's (EU) General Product Safety Regulation (GPSR) is a set of rules that requires consumer products to be safe and our obligations to ensure this.

If you have any concerns about our products, you can contact us on ProductSafety@springernature.com

In case Publisher is established outside the EU, the EU authorized representative is:

Springer Nature Customer Service Center GmbH
Europaplatz 3
69115 Heidelberg, Germany

Batch number: 10845480

Printed by Printforce, the Netherlands